U0799741

中国有色金属工业协会专家委员会组织编写

有色金属系列丛书

中国铅业

北京
冶金工业出版社
2013

内 容 简 介

本书分十篇，介绍了铅的发展史及铅的性质与用途，资源现状与分布，铅锌矿采选技术与装备，铅冶炼技术与装备，铅资源循环利用，中国铅工业的环境保护，铅行业的相关法律法规和产业政策，铅市场供需，资本市场和国内外主要生产厂家等内容。

本书简明扼要，浅显易懂，适合于从事铅冶金及相关专业的人员阅读。

图书在版编目(CIP)数据

中国铅业/中国有色金属工业协会主编．—北京：冶金工业出版社，2013.12

（有色金属系列丛书）

ISBN 978-7-5024-6423-3

Ⅰ.①中…　Ⅱ.①中…　Ⅲ.①铅—有色金属冶金—冶金工业—中国　Ⅳ.①F426.32

中国版本图书馆 CIP 数据核字（2013）第 265167 号

出 版 人　谭学余
地　　址　北京北河沿大街嵩祝院北巷 39 号，邮编 100009
电　　话　(010)64027926　电子信箱　yjcbs@cnmip.com.cn
责任编辑　张熙莹　美术编辑　彭子赫　版式设计　孙跃红
责任校对　李　娜　责任印制　李玉山
ISBN 978-7-5024-6423-3
冶金工业出版社出版发行；各地新华书店经销；三河市双峰印刷装订有限公司印刷
2013 年 12 月第 1 版，2013 年 12 月第 1 次印刷
148mm×210mm；3.875 印张；74 千字；105 页
15.00 元

冶金工业出版社投稿电话：(010)64027932　投稿信箱：tougao@cnmip.com.cn
冶金工业出版社发行部　电话：(010)64044283　传真：(010)64027893
冶金书店　地址：北京东四西大街 46 号(100010)　电话：(010)65289081(兼传真)

序

为适应有色金属工业发展的需要，普及和提高有色金属知识，提升全国有色金属战线广大干部职工的思想业务素质，促进我国从有色金属生产大国向有色金属工业强国的转变，中国有色金属工业协会组织编写了《中国铜业》等《有色金属系列丛书》（共 21 本）。《丛书》集中了全行业的智慧和力量，汇集了当今中国乃至世界有色金属领域的最新知识和信息，深入浅出，通俗易懂，融知识性、实用性为一体，是社会各界学习和提高有色金属知识的好教材和实用工具书。

有色金属是经济社会发展必不可少的基础材料和重要战略物资。有色金属作为功能材料和结构材料而广泛应用于人类生活的各个领域，成为当今高新技术发展和国防军工的重要支撑。有色金属的生产和消费水平已经成为衡量一个国家社会进步的重要标志。

中国是生产有色金属品种最全的国家，门捷列夫化学元素周期表中的64种元素的有色金属都能生产。中国是世界生产和消费有色金属最多的国家，到2011年十种有色金属产量已达3438万吨(快报数)，连续10年位居世界第一，年消费有色金属已达3580万吨以上，连续9年位居世界第一。目前全国已有有色金属企业、事业单位3万多家，就业人员360多万。

有色金属涵盖的金属品种多。在元素周期表中，除了黑色金属铁、锰、铬，锕系和超锕系放射性金属元素外，余下64种都为有色金属元素。有色金属成矿条件复杂，矿床类型多样，矿体形态变化大，元素组合多样，勘探难度大，而且需要综合勘探、综合评价。有色金属结构复杂，多种矿物相嵌共伴生关系密切，选矿和冶炼的技术、装备复杂，工艺流程长。有色金属应用领域广，用途千差万别，材料的研制和加工复杂。有色金属元素在原矿中含量低，富集比都在几十、几百、几千甚至几万以上，导致在采矿、选矿和冶炼过程中固体废物多，节能环保压力大，工艺技术复杂。综合上述不难看出，有色金属产业是固体矿产资源开发利用领域最复杂的产业，有色金属知识领域宽广、博大精深。

建设现代化的有色金属工业强国是全行业360多万职工为之奋斗的目标。我相信，《丛书》的出版发行，对增进全社会对有色金属工业的了解，推动全行业广大干部职工学习和掌握有色金属知识必将发挥积极重要的作用。让我们行动起来，为促进我国有色金属工业的持续、稳定发展，为实现有色金属工业发展的既定目标而奋勇前进。

中国有色金属工业协会会长 陈全训

2012年8月于北京

前　言

铅是国民经济和国防建设事业中不可缺少的金属材料之一。在中国，铅的生产已有2000余年的历史，但新中国成立前却没有工业化的炼铅厂。新中国成立后，中国的炼铅业才逐步发展，到2000年全国精炼铅产量达到64.2万吨。进入21世纪以来，中国铅冶炼业实现了快速发展，到2012年铅产量已达到464.6万吨，约占世界精炼铅总产量的43.7%，连续11年稳居世界第一位。

铅的主要用途是生产铅酸蓄电池，其次是氧化铅，其他还包括铅材和铅合金、铅盐、电缆护套等。2012年中国精炼铅总消费量462.8万吨，其中铅酸蓄电池消费量占80%左右。近年来，中国汽车、通信、金融、电力、交通、电动自行车等行业的快速发展，促进了铅酸蓄电池产业的迅速成长。

随着铅工业的发展，中国铅工业的生产技术进步非常明显。目前，世界各种炼铅工艺和方法均已在中国实现产业化。拥有自主知识产权的富氧底吹—鼓风炉还原工艺得到产业化应用，并迅速推广，引起了国际同行的高度重视。与此同时，广大企业不断发展和创新富氧熔池炼铅工艺，如液态高铅渣底吹炉直接还原、液态高铅渣侧吹炉直接还原等技术的成功，标志着新一轮炼铅技术创新正在兴起。

本书对中国铅业近些年在产业规模、产业结构、技术装备、节能减排、淘汰落后产能等方面取得的进步做了简述。本书是应社会各界人士的要求，同时也是为了适应中国铅业的发展而编写的。其内容力求做到涵盖面广，通俗易懂，便于关注或从事铅行业的读者全面了解中国铅业的发展情况。

本书的编写主要参考了张乐如主编的《铅锌冶炼新技术》、蒋开喜主编的《有色金属进展(1996～2005)》第四卷《重有色金属》、李卫锋和贾著红主编的《硫化铅精矿富氧底吹及富氧顶吹熔炼技术》等，以及中国有色金属工业协会历年的相关研究报告、统计资料等，并得到了有关专家和领导的大力支持和帮助，在此表示衷心感谢。

由于编者水平有限，书中不足之处，敬请读者批评指正，竭诚感谢。

编 者

2013 年 5 月

目　录

第一篇

绪　论

第一章　铅的发展史

铅是人类较早提炼出来的金属之一。公元前 7000 ~ 公元前 5000 年铅被人们发现，原因是由于氧化铅矿石易被还原成金属铅。公元前 3000 年埃及出现了铅制小人像，中国商代铅用于青铜器，西周的铅戈中含铅达 99.75%。

虽然中国铅的生产已有很长的历史，但新中国成立前却没有工业化的炼铅厂。新中国成立后，炼铅业才逐步发展，到 2000 年精炼铅产量达到 64.2 万吨。进入 21 世纪以来，中国铅冶炼业实现了快速发展，产量和消费量均接近世界总量的一半。2012 年，中国铅产量达到 464.6 万吨，约占世界精炼铅总产量的 43.7%，连续 11 年稳居世界第一位。

中国铅工业经过近几十年的发展，在产业规模、产业结构、技术装备、节能减排、淘汰落后产能、海外资源开发等方面都取得了较大进步，尤其是生产技术进步非常明显。目前，世界各种炼铅工艺和方法均已在中国实现了产业化。拥有自主知识产权的富氧底吹—鼓风炉还原工艺得到产业化应用，并迅速推广，引起了国际同行的高度重视。与此同时，不断发展和创新的富氧熔池炼铅工艺，如液态高铅渣底吹炉直接还原、液态高铅渣侧吹炉直接还原等技术的成功，标志着新一轮炼铅技术创新正在兴起。

第二章 铅的性质与用途

第一节 铅的主要性质

一、物理性质

铅是蓝灰色金属，新断面有灿烂的金属光泽，其结晶属于等轴晶体；密度大，固态时为 11.34g/cm^3，液态时的密度随着温度的升高而降低；铅是最软的重金属，它的莫氏硬度为 1.5；熔点为 327.4℃；沸点为 1750℃；展性很好，延性差；铅是热和电的不良导体，常温（18℃）时测定铅的热导率为 35W/(m·K)，比电阻（20~40℃）为 20.65μΩ/cm。

二、化学性质

铅（拉丁语 plumbum），化学元素符号是 Pb，是元素周期表中IV_A族元素（碳族），原子序数 82，相对原子质量 207.19，常见化合价为 +2 价和 +4 价。

铅在完全干燥的常温空气中或在不含空气的水中，不发生任何化学变化。在潮湿及含有 CO_2 的空气中会失去金属光泽，表面形成一层暗灰色的 PbO_2 薄膜，此薄膜慢慢地转化成为碱性碳酸铅 $3PbCO_3 \cdot Pb(OH)_2$。

铅在空气中加热熔化时最初氧化成 Pb_2O，表面现彩虹；再升高温度则生成 PbO（黄丹）；继续加热到 330～450℃之间，则 PbO 转变为 Pb_2O_3；当温度升到 450～470℃时，生成 Pb_3O_4（铅丹）。PbO 是高温下唯一稳定的氧化物，当温度高于 600℃时，其他铅的氧化物均会分解。CO_2 对铅的氧化作用不大，浸没在水中（无空气）的铅很少腐蚀。

铅易溶于硝酸、硼氟酸、硅氟酸、醋酸及硝酸银等溶液中，难溶于稀盐酸及硫酸溶液中，溶于沸盐酸及发烟硫酸中。常温时 HCl 及 H_2SO_4 的作用仅限于铅的表面，因为生成的 $PbCl_2$ 及 $PbSO_4$ 几乎不溶解且附在铅的表面，使内部的金属不再受酸的影响。但在煮沸的盐酸和加热至 200℃浓硫酸的作用下，铅能够缓慢地溶解在这两种酸中。H_2SO_4 作用于铅时，温度越高、Pb 中杂质越多；硫酸的浓度越大，则 Pb 的腐蚀溶解度越大。

铅可吸收放射性射线，具有抵抗放射性物质射线透过的性能。铅及其化合物都有毒性，摄取后主要储存在骨骼内，部分取代磷酸钙中的钙，不易排出。中毒较深时会引起神经系统损害，严重时会引起铅毒性脑病。

第二节 主要铅化合物的性质

一、铅的硫化物

硫化铅（PbS）在自然界中以矿物形态存在，成为铅矿，其结晶状态呈暗灰色，具有金属光泽，密度为7.4～7.6t/m^3，熔点为1135℃。在熔化状态下具有良好的流动性，能渗入裂缝中。

硫化铅是易挥发的化合物，当温度为600℃时（大大低于其熔点1135℃），就开始挥发。

硫化铅是不稳定的化合物，当有某种对硫亲和力大于铅的金属与硫化铅作用时，硫化铅中的铅就会被这种金属置换出来，置换反应一般可用下式来表示：

$$PbS + Me = Pb + MeS$$

硫化铅能与金属硫化物（MeS）形成锍，例如：金属铁能够置换硫化铅中的铅，使之成为硫化铁（FeS），硫化铁又与硫化铅结合生成铅锍。

PbS能够溶解于浓硝酸（HNO_3）、盐酸（HCl）和硫酸（H_2SO_4）中，也能够溶解于$FeCl_3$的水溶液中。

PbS与C和CO的作用是非常缓慢的，无实际意义，在空气中加热至360～380℃时，被氧化成为$PbSO_4$和氧化铅（PbO）。

二、铅的氧化物

氧化铅（PbO）又名黄丹、密陀僧。纯氧化铅的熔点为886℃，当含有少量杂质后，其熔点降低。它有两种结晶变体，红密陀僧和黄密陀僧。

氧化铅是易挥发的化合物，其沸点是1472℃。当750℃时，氧化铅已开始挥发；950℃时，氧化铅的挥发达到相当大的数值，因而在冶金过程中，氧化铅的损失很大，对环保很不利。氧化铅在高温下（温度高于2000℃），将按 $2PbO \rightarrow 2Pb + O_2$ 离解，故氧化铅是强氧化剂，能部分或全部氧化 Te、S、Fe、As、Sn、Zn 等元素，其反应如下：

$$2PbO + S = 2Pb + SO_2$$

$$PbO + Fe = Pb + FeO$$

此特性广泛用于铅的火法精炼中，能将上述杂质氧化造渣或挥发除去。

氧化铅易被 CO 及固体碳所还原。

氧化铅是两性氧化物，它可与 SiO_2 或 Fe_2O_3 作用形成硅酸盐或亚铁酸盐。而这些盐类的蒸气压较游离的氧化铅蒸气压低，故能够减少冶炼时氧化铅的挥发损失。氧化铅能够与 Al_2O_3 结合生成铝酸盐，故氧化铅对硅及黏土砖的侵蚀作用特别强烈。这是由于铅酸盐不稳定，在高温下放出氧的原因造成的。

三、硝酸铅

硝酸铅（$Pb(NO_3)_2$）为白色晶体；密度为4.53g/cm^3，熔

点为470℃（分解）；能溶于水、液氨、联氨，微溶于乙醇，不溶于硝酸，不潮解；高温下分解为氧化铅、二氧化氮和氧气。其水溶液呈酸性，与有机物接触能促使燃烧。

四、硫酸铅

硫酸铅（$PbSO_4$）为白色单斜方晶体，有毒；密度为6.2g/cm^3，熔点为1170℃，但实际上$PbSO_4$在高温状态下并不存在，因为800℃的时候，$PbSO_4$就可以离解，到950℃以上离解很快；溶于铵盐，微溶于浓硫酸，稍溶于水。硫酸铅可用作草酸生产的催化剂、纤维增重剂，也可用于颜料、快干漆、铅丹、蓄电池等的生产。$PbSO_4$和Pb均能够与PbS进行交互作用而生成金属铅。

五、碱式碳酸铅

碱式碳酸铅（$2PbCO_3 \cdot Pb(OH)_2$）又称铅白、白铅粉，为白色粉末，密度为6.14g/cm^3；溶于高级脂肪酸，不溶于水及乙醇；可溶于醋酸、硝酸、盐酸；加热至220℃，先分解出二氧化碳然后逐渐变为氧化铅和碳酸铅；与硫化氢接触变黑。

六、四乙基铅

四乙基铅（$Pb(C_2H_5)_4$）又名TEL，在常温下为无色透明油状液体，有特殊的芳香气味。不溶于水、稀酸和稀碱溶液，可溶解于有机溶剂，在阳光下受热分解。四乙基铅剧毒，其工作环境允许浓度（以铅计）为0.01mg/m^3。

第三节　铅的主要用途

由于铅具有高密度、优良的抗蚀性、低熔点、柔软、易加工等特性，因此在许多工业领域中得到应用。铅板和铅管广泛用于制酸工业、蓄电池、电缆包皮及冶金工业设备的防腐衬里。铅能吸收放射性射线，可作原子能工业及X射线仪器设备的防护材料。铅能与锑、锡、铋等配制成各种合金，如熔断保险丝、印刷合金、耐磨轴承合金、焊料、易熔合金及低熔点合金模具等。铅的化合物，如四乙基铅可作汽油抗爆添加剂和颜料，还可以作建筑工业隔音和装备上的防震材料等；醋酸铅不仅用于医药部门，而且在纺织工业上用来作媒染剂；铅的一些化合物，如氧化铅在橡胶硫化过程及精炼石油时，用作促进剂；氧化铅同时还用于玻璃、陶器及油漆工业。铅酸蓄电池占到铅总消费量的80%以上。

第二篇

资源现状与分布

第一章　世界铅资源现状与分布

截至2010年，世界已查明的铅资源量为15亿吨，铅储量为0.8亿吨。世界铅资源主要分布在澳大利亚、中国、俄罗斯、美国、秘鲁和墨西哥六国，六国储量占世界储量的85%（见图2-1）。按2010年世界铅矿山产量410万吨计，现有储量的静态保证年份为20年。现有铅储量只占铅查明资源的4.4%，全球铅的勘查潜力很大。

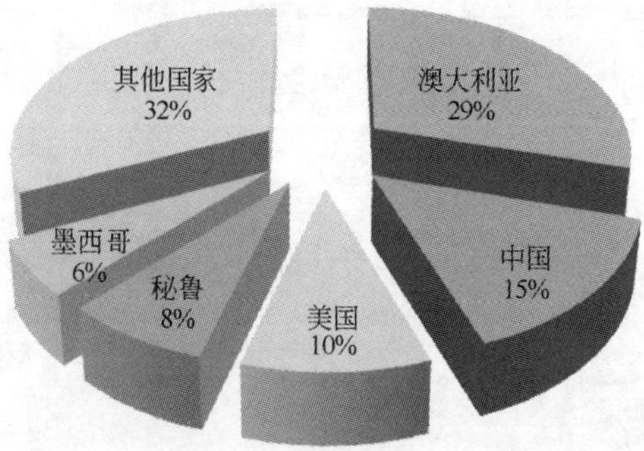

图2-1　世界铅资源分布情况

（资料来源：USGS）

最近几年，在澳大利亚、中国、爱尔兰、墨西哥、秘鲁、葡萄牙、俄罗斯和美国发现了大量与锌和银或铜矿床伴生的铅资源。虽然自2000年以来，世界铅矿山总计生产了3813万吨铅金属，但同期世界铅储量却增加了1600万吨（见表2-1）。国外铅资源丰富，从目前世界铅生产和消费趋势来看，世界范围内较长时期不会出现资源短缺。

表2-1 2000年和2010年世界铅储量及矿山产量

（万吨）

2000年储量	2010年储量	增长量	2010年矿山产量
6400	8000	1600	410.23

注：资料来源于《Mineral Commodity Summaries 2000～2010》，世界总计取整数。

据相关统计，2010年全球铅锌矿勘查项目107个，预可研项目28个，可研项目27个。从项目区域分布情况来看，绝大部分项目集中在澳大利亚、北美和俄罗斯等地区（见表2-2）。目前，世界年产矿产铅10万吨以上的国家有5个，依次为中国、澳大利亚、美国、秘鲁、墨西哥。

表2-2 2010年世界10大铅矿生产矿山 （吨）

排 名	国 家	矿山名	所属公司名	生产能力	产量
1	澳大利亚	Cannington	BHP Billiton	300000	300000
2	美国	Southeast Mining & Milling Operations	Doe Run	230000	230000
3	澳大利亚	Mount Isa/George Fisher	Mount Isa Mines Ltd.	135000	145000
4	美国	Red Dog	Teck Cominco	133000	133000

续表 2-2

排名	国家	矿山名	所属公司名	生产能力	产量
5	玻利维亚	San Cristobal	Sumitomo Corp.	85000	85000
6	澳大利亚	Broken Hill/Potosi	Perilya Broken Hill Ltd.	51200	51200
7	墨西哥	Penasquito	Goldcorp	49895	49895
8	南非	Black Mountain	Black Mountain Mineral Development	48500	48500
9	印度	Rampura Agucha	Hindustan Zinc	46200	46200
10	秘鲁	Cerro de Pasco Unit	Volcan Compania Minera	45000	45000

注：资料来源于国土资源信息中心。

第二章 中国铅资源现状与分布

第一节 基本情况

中国铅矿产资源丰富，生产能力、消费量、出口量都居世界前列。中国铅储量位于澳大利亚之后列世界第二位，占世界铅储量的 12.5%（见图 2-2）。尽管中国铅储量居世界前列，但人均占有量仅为世界平均水平的 54.5%。

中国铅锌矿资源分布广泛。全国已查明资源储量的 1600 多处矿产地集中分布在滇西北地区、内蒙古狼山-渣尔泰山、秦岭-祁连地区、南岭地区（湘粤桂）、川滇邻区等五大地区。内蒙古、云南、广东、江西、四川、甘肃、湖南、陕西、青海、广西、西藏、福建、河北等 13 省区铅和锌资源储量占全

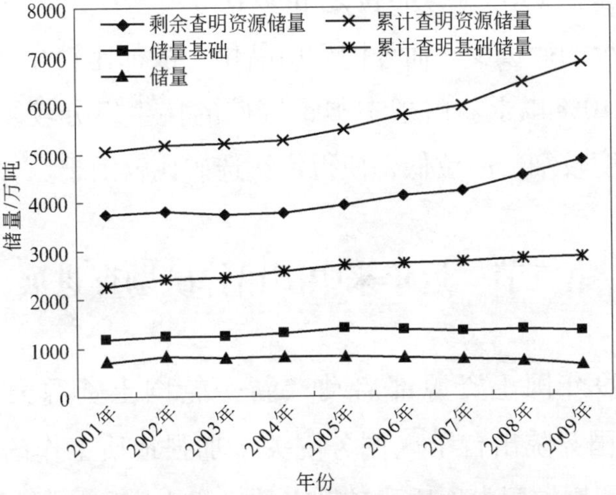

图 2-2 中国 2001 ~2009 年铅资源储量变化图

国 80% 以上。近年来，在西藏念青唐古拉山等地区、新疆东天山地区、内蒙古大兴安岭地区、青海南部与西部地区、湘西-鄂西地区、大兴安岭地区新发现一批大中型铅锌矿，今后这些地区可以成为中国铅锌矿资源的接续区。

但是，中国铅矿产资源矿石类型复杂，单一的铅或锌矿石类型少；贫矿多、富矿和易选矿少。主要矿石类型为铅锌矿石、铅锌铜矿石、铅锡矿石、铅锑矿石、铅锌锡锑矿石，共伴生组分多，综合利用价值大。中国大多数矿床普遍共伴生有 50 余种元素，主要有金、银、铜、锡、镉、硫、萤石及稀有分散元素。在铅锌银矿床中，其银的储量占到全国银资源储量的 60% 以上，金的储量和产量也相当高。根据国土资源部 2001 年所做的一项调查，中国铅矿山品位最低的为 0.5%，最高的为 4%，平均 1.39%，0.7% ~1% 之间的矿山最多。矿山铅锌品位之和多在5%～10%之间，大于10%品位的矿极少。而外国矿山品位一般都比较高，铅加锌大都在10%以上。由于中国铅锌矿的伴生组分较多、铅锌嵌布粒度较细、品位低，使得铅锌选矿比较困难。

第二节 近年来中国铅锌矿勘查进展

1999年国土资源部启动“新一轮国土资源大调查”，2006年国务院出台了《国务院关于加强地质工作的决定》。政府不断增加国内地质找矿勘查的投资力度，加强了对重要矿产资源开展基础性、公益性、战略性综合调查评价工作，发现了一批新的大中型铅锌矿床；启动了危机矿山接替资源找矿专项，一批老矿山找到了新的接续资源储量，评价了一批大中型铅锌矿床。1999年以来报道的中国大型和超大型铅锌矿勘查成果见表2-3。

表2-3 中国大型和超大型铅锌矿勘查成果

省（区）	矿区名称	报道的查明和推断铅锌资源含量（金属量）/万吨	状 态
云 南	会泽铅锌矿	>80	在生产
西 藏	拉诺玛铅锌多金属矿	3000	普 查
内蒙古	得耳布尔比利亚铅锌矿	>100	“十二五”规划开发

续表 2-3

省（区）	矿区名称	报道的查明和推断铅锌资源含量（金属量）/万吨	状态
新　疆	乌恰乌拉根铅锌矿	448	在生产
	彩霞山铅锌矿	250	在生产
四　川	四川砂西银铅锌矿	350	普　查
甘　肃	宕昌代家庄铅锌矿	>60	“十二五”规划开发
陕　西	南郑—西乡县马元—白玉铅锌成矿带	>220	“十二五”规划开发
青　海	四角羊—牛苦头铅锌矿	116	普　查
湖　北	神农架黄陵铅锌矿	150	普　查
广　西	佛子冲铅锌矿	759	普　查
	大厂矿田	268	在生产
湖　南	宝山银铅锌矿	130	普　查
安　徽	姚家岭铜铅锌矿	>130	普　查
河　北	涞源县王安镇铜铅锌矿	168	普　查
福　建	尤溪峰岩铅锌矿	148	普　查
	建瓯八外洋矿区	>100	普　查

“十一五”期间，中国铅锌矿勘查投入共计 103 亿元，完成钻探工作量 376 万米，新发现矿产地 356 处（其中大型 15 处，中型 77 处）。21 世纪以来有 18 个省区发现了新的大型铅锌矿，或者单个老矿山扩大资源量达到大型规模。

2004～2010 年，国家开展危机矿山接替资源找矿专项，通过与企业合作勘查方式，对预测有潜力的 230 个危机矿山

（其中铅锌矿20个）进行了勘查。截至2010年底，20个矿床增加探明铅加锌资源储量累计达到大型规模的有7个，中型的有8个。累计查明铅加锌资源储量849万吨。

第三节　中国铅锌矿开发前景

到2009年底，中国累计探明铅加锌资源储量2.2亿吨，主要位于西部省区。中国地质调查局组织开展了矿产资源潜力评价，初步成果（2010年）认为中国铅锌矿资源勘查潜力总量超过4.5亿吨，主要分布在97个远景区，但查明率不到1/3。地质矿产调查评价专项（2010～2012）和国土资源部“地质找矿突破战略行动”（2011～2020）把铅、锌作为主攻矿种。通过加大投入，预计“十二五”铅、锌资源储量增长将超过“十一五”。

中国铅矿查明资源储量开发利用程度较高。截至2009年底，全国已开发利用的铅矿区526处，查明资源储量1885.04万吨（平均3.5万吨/处），占总查明资源储量的38.9%。其中基础储量692万吨，占总基础储量的51.6%。铅锌矿产量50%以上在西部。可供规划利用矿区440处，铅查明资源储量1443.11万吨（3.25万吨/处），占总查明资源储量的29.7%。其中，基础储量314.94万吨，占总基础储量的23.5%。目前可供规划利用的查明资源储量主要集中分布在内蒙古、四川、甘肃、广东、广西、湖南和云南等省区。

近些年，铅锌找矿突破的新区成果较多，但新区特别是西部地区探明资源储量增长难以在短期内转化为铅锌产能，还受铅锌的品位、赋存状态、环保因素、地理位置与运输条件等的影响，转化为规模产能还需要一定时间。湖南、广西等省区已开发矿山深部和外围，以及有利地理位置的东部铅锌找矿的突出成果，可以近期转化为产能（增长）或延缓危机矿山产能的下降。西部地区特别是西藏、新疆、青海以及大兴安岭等地区的地质找矿成果显著，铅锌资源储量大幅上升，预期在3～5年后可陆续成为中国铅锌矿的主要接替区。

第三篇

铅锌矿采选技术与装备

第一章 概 述

第一节 矿物原料特点

铅锌在自然界里特别在原生矿床中共生极为密切。它们具有共同的成矿物质来源和十分相似的地球化学行为，有类似的外层电子结构——都具有强烈的亲硫性并形成相同的易溶络合物。它们被铁锰质、黏土或有机质吸附的情况也很相近。目前，在地壳上已发现的铅锌矿物约有 250 多种，大约 1/3 是硫化物和硫酸盐类。方铅矿、闪锌矿等是冶炼铅锌的主要工业矿物原料。

尽管现在已发现有 250 多种铅锌矿物，但可供工业利用的仅有 17 种。其中，铅工业矿物有 11 种，锌工业矿物有 6 种，以方铅矿、闪锌矿最为重要，此外还有菱锌矿、白铅矿等。

第二节 铅 锌 矿 床

铅锌矿床主要有 5 种类型：

（1）花岗岩型。产于花岗岩及其碎屑质围岩中。矿床有用组分除铅、锌外，还有钨、锡或铜。矿体呈脉状、浸染状。铅锌品位较高，如湖南东坡、广东锯板坑等矿。

（2）矽卡岩型。产于花岗岩类和碳酸盐岩接触带及其内外。矿石组分除铅、锌外，可含铜、钨、锡等。矿体呈脉状、透镜状、扁豆状。铅锌品位中等，如湖南水口山、辽宁桓仁等矿。

（3）海相火山岩型。产于优地槽凝灰岩、熔岩及次火山岩中。矿石组分主要为铅、锌，常含黄铁矿。矿体呈似层状、透镜状、扁豆状。铅锌品位高至中等，矿床为大、中型，如青海锡铁山、甘肃小铁山等矿。

（4）陆相火山岩型。产于火山盆地分布的凝灰岩、熔岩及次火山岩中。矿石组分主要为铅、锌，部分含铜。矿体呈似层状、透镜状、脉状。铅锌品位贫、富均有，矿床多为中型，如浙江五部、大岭口银山等矿。

（5）碳酸盐岩型。产于地台或浅海相白云岩、石灰岩、不纯碳酸盐岩中。矿石组分除铅、锌外，部分含铜。矿体呈层状、似层状、透镜状。铅锌品位高，矿床常为大、中型，如广东凡口、广西泗顶等矿。

第三节 几种重要的矿物

一、方铅矿

方铅矿（galena）是提炼铅的重要矿物，是分布最广的铅矿物。方铅矿是一种灰色的硫化铅，中国早在商代前就从方铅矿中提炼铅。方铅矿呈立方体形状，很多这样的立方体晶体聚在一起形成粒状或块状，具有金属光泽（见图3-1）。方铅矿中常常还含有银，因此也被用来作为提炼银的资源。方铅矿被风化后就变成白铅矿和铅矾。中国云南、广东、青海的几个地方的铅锌矿出产方铅矿（方铅矿总是跟闪锌矿伴生在一起），在一些煤矿中有时也会发现它们。方铅矿的最大产地是美国的新密苏里，仅铅的储量就达3000万吨。此外，英国的康沃尔、德国的弗赖贝格、澳大利亚的布罗肯希尔等也很著名。

图3-1 方铅矿矿物

二、脆硫锑铅矿

脆硫锑铅矿（jamesonite）是一种硫盐矿物，呈铅灰色，金属光泽，很软，莫氏硬度为2.5~3，密度为5.6g/cm^3。晶体形态呈柱状或针状；通常呈羽毛状集合体，故有“羽毛矿”之称（见图3-2）。化学成分为$Pb_4FeSb_6S_{14}$，晶体属单

图 3-2 脆硫锑铅矿物

斜晶系。英文名来自英国矿物学家 R. 詹姆森（Robert Jameson）的姓氏。主要产于多金属热液矿床中，可作为提炼铅和锑的矿物原料。

三、白铅矿

白铅矿（cerussite），化学组成为：$PbCO_3$，其中 PbO 83.53%、CO_2 16.47%，有时含 Ca、Sr 和 Zn；白色（见图 3-3），具金刚石光泽和可以与硝酸反应产生气泡，常产于铅

图 3-3 白铅矿

锌矿床氧化带，是方铅矿氧化成铅矾后，再受碳酸水溶液作用而形成的，常与磷氯铅矿共生。世界著名产地有美国宾夕法尼亚州 Phoenixville，捷克 Bohemia 的 Mies，俄罗斯西伯利亚的 Nerchinsk，意大利的 Sardina 岛，非洲 Tunis，西南非的 Tsumeb，澳大利亚 New South Wales 的 Broken Hill 和德国 Hessen-Nassau 的 Ems 等地。英文名来自拉丁语 cerussa，指白色的铅（whitelead）。

第二章　矿产资源开发技术与装备

第一节　采矿技术与装备

近年来，中国铅锌矿产资源开发技术装备水平有明显提高。特别是大型铅锌矿山普遍采用了先进适用技术。如凡口铅锌矿采用了盘区上向中深孔配套机械化采矿工艺，盘区水平浅眼分层充填法，达到国际地下矿山的先进水平。随着技术装备和管理水平的提高，中国铅锌矿生产的主要技术经济指标有明显改善。兰坪是露采铅锌矿的典型案例，但我国露采铅锌矿不多，目前，无论是坑采还是露采，铅锌采矿损失率均呈下降趋势，资源集约利用程度得到增强。由于铅锌采矿出矿品位呈下降趋势，这在一定程度上说明中国可供开采的铅锌资源品位已经趋于贫化。事实上，目前中国矿山铅锌品位之和多在5%～10%之间，大于10%品位的仅占总储量的15%。

第二节 选矿技术与装备

一、铅锌矿处理工艺

铅锌矿几乎都是铅锌伴生矿，绝大部分矿山都将铅、锌分选，仅有凡口铅锌矿有部分铅锌混合精矿。

目前国内处理铅锌矿的主要工艺有：全电位控制浮选、全浮选工艺流程、硫化浮选工艺法、重选—浮选工艺、改性胺浮选法、浸（氨浸、酸浸）出—浮选、快速浮选、分支串联浮选、异步混合浮选、部分快速优先浮选、选冶联合等工艺。就单一浮选而言又分先铅后锌的优先浮选，先硫化矿后氧化矿的分段浮选，先浮易浮矿后浮难浮矿等可浮流程。

针对目前国内的中低品位氧化铅锌矿资源，研究重点倾向于选冶联合工艺流程，也就是选矿采用正反浮选的技术方案，生产出选冶联合技术要求的氧化铅锌精矿。云南省会泽铅锌矿等研究的先硫后氧—先铅后锌—等可浮—异步选铅—留着硫异步混选—硫化铅、锌、黄铁矿分离—氧化铅硫化浮选—氧化锌不脱泥浮选的复杂多金属硫化矿、氧化混合矿综合选矿新技术，已成功地用于新建年产 65 万吨的选矿厂。

电位调控及电化学控制浮选先后在凡口铅锌矿、南京铅锌银矿、青海锡铁山铅锌矿等数家铅锌选矿厂应用。实践证明，其具有技术先进、流程简单、药剂用量少、分选指标高，对不同类型铅锌硫化矿适应性强、稳定性好、环境污染少等明显优点，对浮选理论的发展作出了重大贡献。

二、凡口铅锌矿选矿实例

凡口铅锌选厂年处理原矿150万~165万吨，主要产品为高铅精矿、高锌精矿、铅锌混合精矿和硫精矿，年产铅、锌金属16.5万~18万吨，标准硫精矿（折合）55万~70万吨。

凡口铅锌矿石主要为复杂致密状硫化铅锌矿，黄铁矿含量高达45%，方铅矿、闪锌矿、黄铁矿嵌布粒度粗细不均，结构复杂，粒度小于0.074mm的分别占35%、17%和49%，小于0.02mm的占16%、4%和8%。

如何高效获得铅、锌金属高回收率以及伴生银的综合回收一直是中国矿物加工研究者重点研究的课题。铅锌主金属矿物的粗细不均匀嵌布是其重要特征，在工业生产上存在单一优先流程长、连生体浮游速度慢、分离效率低的问题。根据对矿石性质和矿物浮选特性的研究，采用“和谐”的理念和原则，充分利用矿石中矿物的固有特性和可浮性关系、不强制简单处理，让已经快速上浮的“易选快浮”单体方铅矿、闪锌矿不再磨，产出大部分铅精矿和锌精矿，使铅回路和锌回路的“难选慢浮”中矿合并强化处理，铅锌浮选尾矿脱水后浮选产出硫化铁精矿和最终尾矿，研究开发出高效、快速、和谐的处理技术和流程，并实现节能减排，环境和谐。图3-4所示为复杂铅锌铁硫化矿和谐矿物加工技术（FKNSP）工艺总体技术方案。

FKNSP工艺的主要技术特点是原矿适当细磨，用少量

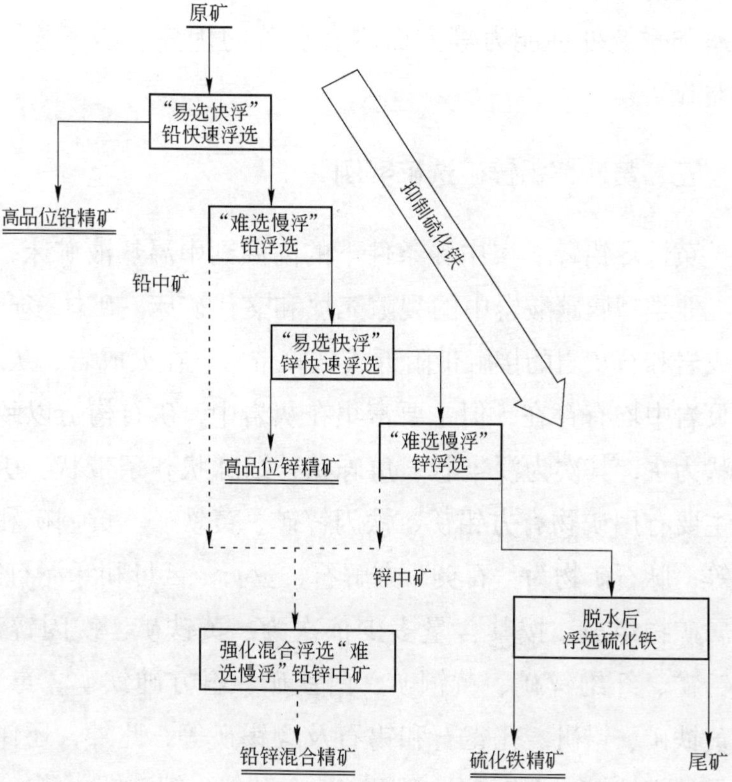

图 3-4　复杂铅锌铁硫化矿和谐矿物加工技术（FKNSP）工艺总体技术方案

浮选机将大部分质优、易浮的铅、锌矿物优先快速分选出来，获得高质量的铅精矿和锌精矿，减少已解离矿物的过磨和作业循环量；铅、锌难选中矿集中处理，经强化细磨后生产铅锌混合精矿。FKNSP 工艺有效地贯彻了阶段磨矿、阶段选别、能出、早出、快出的技术思想，具有技术先进、流程结构简单、环境污染少、矿石适应性强等优点，在节能降耗、减少金属流失、降低铅锌互含、提高综合回收率和系统处理能力等方面均有显著的优势，新工艺综合效益显著。

三、黄沙坪铅锌矿选矿实例

黄沙坪铅锌矿属中深条件下的高温到中温热液矿床，矿床工业类型属碳酸岩中的裂隙充填和交代矿床。矿体多产于火成岩和石灰岩的接触带附近或破碎带中，在火成岩、灰岩、砂页岩中均有存在，但主要富集在灰岩中，矿石构造以致密块状为主，其次为浸染状、角砾状、细脉状和条带状。矿石中主要有用矿物有方铅矿、铁闪锌矿、黄铁矿、黄铜矿和锡石等；脉石矿物为：石英、方解石、萤石、云母和绿泥石等；金属矿物组成，按其含量多少依次为：黄铁矿、铁闪锌矿、方铅矿、纤维锌矿、黄铜矿、白铁矿、斜方砷铁矿、毒砂、磁黄铁矿、铅矾、孔雀石和锡石及黝锡矿等，此外，还伴有少量的辉铋矿、辉铜矿、辉银矿、金及伴生镓、铟、锗、镉、碲、硒等稀散元素，矿石嵌布特性属中细粒不均匀嵌布，有用矿物之间共生密切。原矿多元素化学分析结果见表3-1。

表3-1 原矿元素化学分析结果 （%）

元素	Pb	Zn	S	Ag	Cu	SiO_2
含量	3.26	6.68	18.82	64g/t	0.14	18.96
元素	Al_2O_3	Sn	Mn	Fe	As	MgO
含量	3.32	0.14	1.5	15.4	0.26	3.05
元素	CuO	Sb	C	Bi	Au	TiO_2
含量	12.09	0.06	3.81	0.02	0.19g/t	0.1

矿石物质成分研究表明，铅矿物氧化率高，锌矿物以铁闪锌矿为主（含铁高达17.56%），是影响铅回收率和锌质量提高的主要原因。

黄沙坪铅锌矿各种原则流程生产指标见表3-2。

表3-2　黄沙坪铅锌矿各种原则流程生产指标　（%）

工艺名称	生产日期	原矿品位			铅精矿		锌精矿		硫精矿	
		Pb	Zn	S	品位	回收率	品位	回收率	品位	回收率
一段磨矿等可浮	1997年1月~1998年12月	3.97	6.21	15.94	71.32	91.57	44.53	91.41	36.78	53.83
一段磨矿等可浮尾矿锌优浮	1999年1月~2000年6月	3.78	6.98	18.98	71.58	90.59	44.99	91.45	42.53	33.91
全部优先浮选	2002年1月~2002年8月	3.35	7.06		71.76	91.33	45.76	91.95		

为满足提高资源综合利用水平和延长矿山服务年限的需要，黄沙坪铅锌矿选矿厂实施工艺流程和设备设拖改造，改造前和改造后的流程如图3-5和图3-6所示。

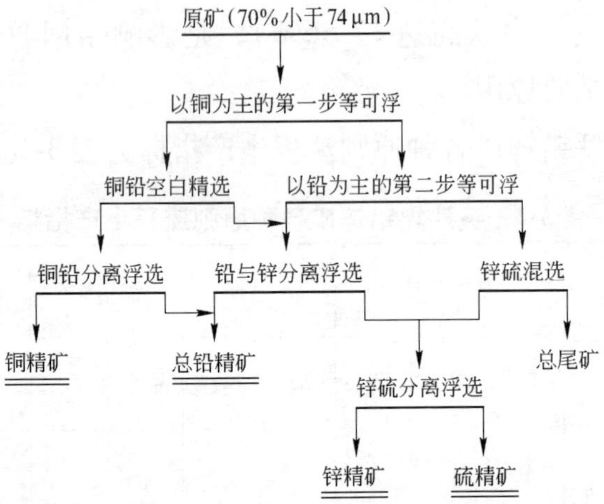

图 3-5 改造前的工艺原则流程

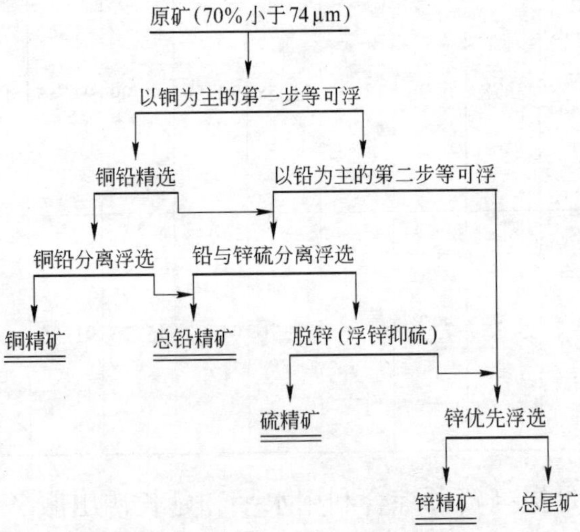

图 3-6 改造后的工艺原则流程

第四篇

铅冶炼技术与装备

第一章　概　　述

新中国成立以来，经过60多年的发展，中国铅工业发生了翻天覆地的变化，铅冶炼技术与装备水平不断提升。目前，中国铅冶炼生产工艺有传统烧结—鼓风炉工艺（已列入淘汰工艺，逐步改造）、直接炼铅新工艺和再生铅冶炼技术。

随着环境问题的日益突出，各国对于铅冶炼工艺开展了大量研究。主要工业化应用思路为：研究充分利用硫化物氧化热并利用富氧鼓风使生产过程能基本自热的直接炼铅法。直接炼铅法又包括基夫赛特直接炼铅法（Kivcet）、QSL法、艾萨法（ISA）、卡尔多炼铅法（Kaldo）及富氧底吹—鼓风炉还原炼铅法（SKS法）等。

采用直接引进国外先进技术改进现有冶炼工艺的方法一直是国内各冶炼企业的首选目标，但由于控制精度、管理水平以及投资成本等因素作用，国内真正实现技术引进并实现工业生产的铅冶炼企业并不多。云南驰宏锌锗在国内首次采用艾萨法（ISA）铅冶炼工艺，实现年产粗铅8万吨。云锡集团“一炉三段”炼铅已正常运行。2006年，西部矿业在西宁新建1套Kaldo工艺铅冶炼装置，铅年产能5万吨，烟气采用净化干燥—SO_2部分冷凝—转化—吸收的制酸流程（目前停产），该工艺在亚洲仅有3套。株洲冶炼集团采用基夫赛特法（Kivcet）炼铅，粗铅产能为每年12万吨，可搭配50%以上锌浸出渣作原料，已建成。江铜集团引进了基夫赛特直接炼铅项目已投产运行。西北铅锌厂在借鉴德国和韩国QSL炉经验的基础上进行了改造，于1995年7月投料试车，按额定处理能力的70%～75%进行考核，取得初步成功，但有关指标仍达不到设计要求，运行费太高，造成亏损，现在处于停产状态。

氧气底吹—鼓风炉还原炼铅工艺（SKS）是具有中国自主知识产权的熔池熔炼新技术，具有投资省、节能环保、冶炼流程短、焦耗成本低、硫及伴生金属回收率高、冶炼设备封闭、有效减少作业人员铅中毒等优点，适宜处理高砷物料，对于现有铅厂改造具有很强的竞争力，是国家重点推广的环保项目之一。

鉴于目前直接炼铅技术的还原段普遍使用鼓风炉还原方法，氧化段产出的液态富铅渣的显热未得到充分利用，而在鼓风炉还原过程又要消耗价格昂贵的焦炭，因此对液态富铅渣还原技术的研究和试验受到炼铅行业的重视。在“氧气底吹—鼓风炉炼铅技术”替代烧结机工艺的基础上，豫光金铅、济源金利、济源万洋、豫北金铅和安阳岷山等企业不断发展和创新了富氧熔池熔炼工艺，并优化改进了液态高铅渣还原工艺。由济源万洋、河南中联、中南大学、恩菲公司等合作完成的“三连炉直接炼铅技术研究及产业化应用”通过专家鉴定，标志着继氧气底吹—液态高铅渣直接还原炼铅后，又一自主研发的低耗炼铅技术取得成功并投入产业化应用。

第二章　主要技术与装备

第一节　传统烧结—鼓风炉工艺

传统烧结—鼓风炉工艺以铅精矿为主要原料，将铅精矿和熔剂（石英砂、石灰石和铁矿石）按一定比例混合后，进入烧结系统焙烧进行脱硫，产出坚硬多孔的烧结块和烟气，烟气进行制酸。含铅烧结块进入鼓风炉系统，加入焦炭进行还原熔炼，产出粗铅和炉渣，炉渣进入烟化系统回收生产氧化锌，粗铅送到下道工序进行电解精炼。传统烧结—鼓风炉还原炼铅工艺流程如图4-1所示。

此种工艺投资成本低、原料适应性强、生产能力大，成为当前国内大多数铅冶炼企业主流的铅冶炼生产工艺。但烧结—鼓风炉炼铅工艺存在能耗高、返料大、二氧化硫回收困难、铅蒸气和含铅粉尘污染等严重问题。特别是烧结锅（烧结盘）—鼓风炉炼铅工艺二氧化硫及铅尘污染尤为严重，现已列为淘汰工艺。

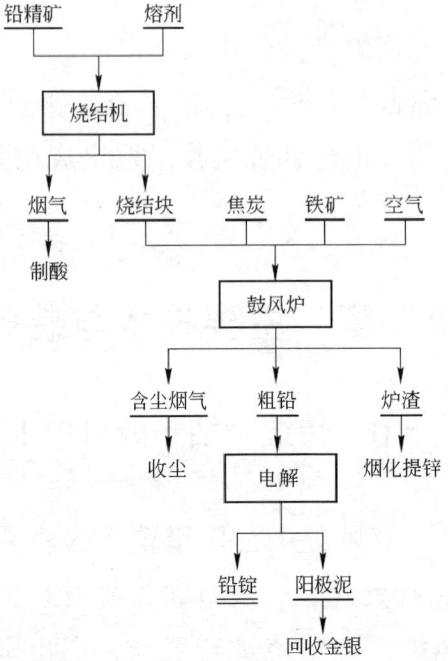

图 4-1 传统烧结—鼓风炉还原炼铅工艺流程图

第二节 密闭鼓风炉熔炼工艺

铅锌密闭鼓风炉熔炼法是英国帝国熔炼公司首创的一种同时熔炼铅、锌的方法，原称帝国熔炼法（简称 ISP）。20 世纪 60 年代中国引进 ISP 工艺用于处理凡口的铅锌矿。

ISP 工艺为火法铅锌混合冶炼技术，主要工艺过程包括鼓风返烟烧结、密闭鼓风炉熔炼、炉渣烟化处理、粗锌精馏、粗铅精炼及炉渣综合回收。将烧结块、石灰、团矿和经过预热的焦炭加入密闭鼓风炉进行还原熔炼，氧化锌被还原，锌呈蒸气挥发，并引入冷凝器冷凝成粗锌。氧化铅还原成金属铅，并以液态沿炉料向下，与炉渣一起从炉缸排出，在前床分离产出粗铅。粗铅送到下道工序进行电解精炼。密闭鼓风炉炼铅工艺流程如图4-2所示。

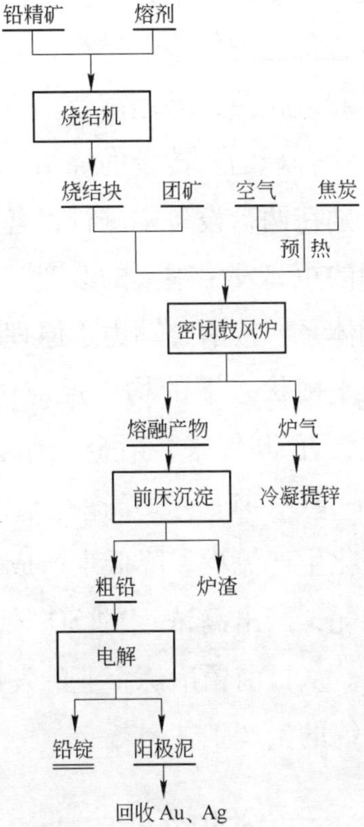

图4-2　密闭鼓风炉炼铅工艺流程图

尽管湿法炼锌和其他铅锌冶炼方法的发展和改进很快，但ISP法同样以自身的技术发展和经营管理的改善而占有重要地位。目前，中国有4家企业在使用该工艺，分别是深圳市中金岭南有色金属股份有限公司、白银有色集团、中冶葫芦岛有色金属集团有限公司和陕西东岭冶炼总公司。

第三节　直接炼铅新工艺

硫化铅精矿不经焙烧或烧结焙烧直接生产出金属铅的熔炼方法称为直接熔炼炼铅法。对硫化铅精矿来说，这种粒度仅为几十微米的浮选精矿因其比表面积大，化学反应和熔化过程都有可能很快进行，充分利用硫化铅精矿粒子的化学活性和氧化热，采用高效、节能、少污染的直接熔炼流程处理是最合理的。传统的烧结—鼓风炉流程将氧化—还原两过程分别在两台设备中进行，各自反应体系中的化学势随料层移动的距离发生很大的改变，且均系远离平衡状态的非均质多相体系。按冶金动力学原理使冶金过程实现快速高效，在接近平衡状态下的均质反应体系中连续操作是最理想的。因此，近30年来，冶金工作者力图通过硫化铅受控氧化，即 $PbS + O_2 \rightarrow Pb + SO_2$ 途径来实现硫化铅精矿的直接熔炼，以简化生产流程，降低生产成本，利用氧化反应的热能以降低能耗，产出高浓度的 SO_2 烟气用于制酸，减少对环境的污染。从目前铅冶炼企业的发展形势看，直接炼铅将逐渐取代传统的生产工艺。

一、QSL法

QSL法是德国鲁奇公司于20世纪70年代研究开发的直接炼铅工艺。德国施托尔贝格炼铅厂和韩国温山QSL厂，先后于1990年和1992年建成投产。QSL法氧化脱硫和还原在一座炉内连续完成，备料简单，燃料率低，能耗低，烟气 SO_2 浓度为10%~12%，可直接制酸，而且主要金属回收率高。QSL炉炼铅工艺流程如图4-3所示。

QSL法存在的主要问题是：操作条件控制难度较高；烟尘率高（20%~30%）；喷枪使用寿命短；渣含铅高，需进

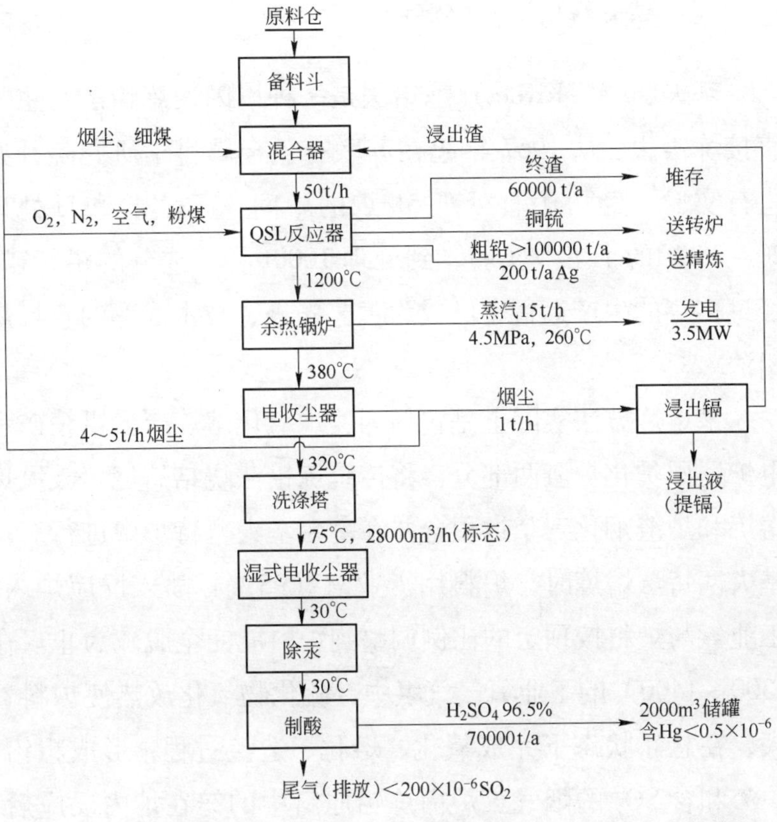

图 4-3　典型 QSL 炼铅工艺流程

一步处理。1989 年加拿大科明科公司的 QSL 法炼铅厂投产，因工艺设备问题，仅试产 3 个月而被迫关闭，后于 1993 年用基夫赛特法改建。中国西北冶炼厂 20 世纪 80 年代引进的 QSL 技术，于 1992 年建成投产，投产不久因故停产。1995 年 7 月再次投料试车，但有关指标仍达不到设计要求，成本过高，现仍处于停产状态。

二、基夫赛特法直接炼铅

基夫赛特（Kivcet）炼铅法是一种以闪速炼铅法为主的直接炼铅法。从 1967 年起在苏联有色金属科学研究院开始进行实验，经历了日处理 5t/炉的中间工厂实验和日处理 20～25t/炉的半工业实验，到处理 1000t 各种成分的铅精矿。经过多年的生产运行，已成为工艺先进、技术成熟的直接炼铅法。

该熔炼方法实际上是包括闪速炉氧化熔炼硫化铅精矿和电炉还原贫化炉渣两部分，将传统炼铅法烧结焙烧、鼓风炉熔炼和炉渣烟化三个过程合并在一台基夫塞特炉中进行。在基夫塞特法熔炼时，炉料用工业氧（95%）喷入反应炉内。工业氧与炉料按预定的比例调整到炉料能完全脱硫为止。在 1300～1400℃的工业氧气气氛中，硫化物氧化放热使炉料着火，在悬浮状态下完成氧化、熔化、造渣过程，形成粗铅、炉渣和含 SO_2 的烟气。炉内炼铅原料中的锌在炉内反应后，主要以 ZnO 形态随熔炼炉渣进入电炉。含 SO_2 烟气经竖烟道和废热锅炉后送入高温电收尘，然后送净化制酸。电炉部分烟气经捕集氧化锌的滤袋收尘器后排放。图 4-4 所示为某铅锌厂基夫塞特炼铅工艺炉体结构示意图。

基夫赛特炼铅法可处理各种不同品位的铅精矿、铅银精矿、铅锌精矿和鼓风炉难以处理的硫酸盐残渣。湿法炼锌厂产出的铅银渣、锌浸出渣、废铅酸蓄电池糊、各类含铅烟尘等都可以作原料入炉冶炼，特别适用于铅锌联合企业。由于

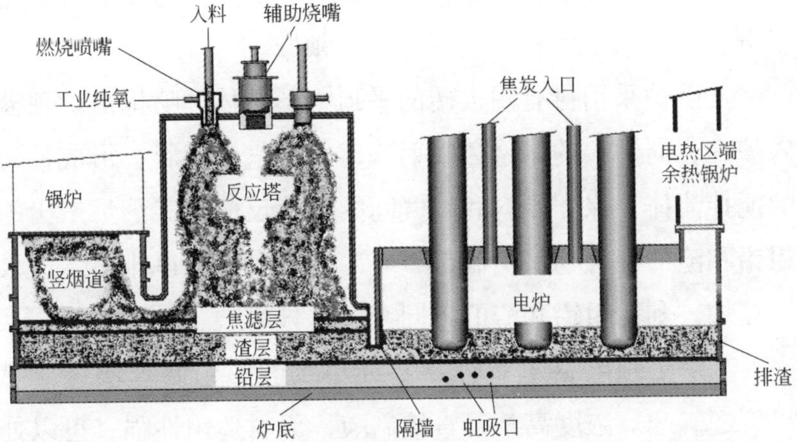

图 4-4 某铅锌厂基夫塞特炼铅工艺炉体结构示意图

基夫赛特炼铅法对原料有广泛的适应性，能以较低的费用回收原料中的有价金属，并可以满足日益严格的环境保护要求，该法有着良好的发展前景。江铜集团采用该法炼铅项目已投产运行。株洲冶炼集团年产能为 12 万吨粗铅，可搭配 50% 以上锌浸出渣作原料项目已建成。

三、艾萨法、奥斯麦特法

艾萨法（ISA 法）、奥斯麦特（Ausmelt）法都属氧气顶吹熔池熔炼工艺。

由澳大利亚联邦科学工业研究组织（CSIRO）和芒特·艾萨矿业公司（MIM）共同开发的喷枪顶吹浸没熔炼技术（TSL）被 MIM 公司利用来进行铜冶炼生产冰铜，并于 20 世纪 80 ~ 90 年代被用来炼铅。奥斯麦特公司从 20 世纪 90 年代开始在全世界推广该项技术，命名为奥斯麦特法，分别用于铜、铅、锡冶炼和渣处理等许多领域。

艾萨炉采用衬有耐火砖的平顶圆形炉体。喷枪由炉顶插入炉内，向炉中的熔融体喷射气体、氧气和燃料，形成强烈的搅拌流体，保证原料和氧气间的快速反应。艾萨炉产出的粗铅和渣的混合物从炉底部带有冷却水套的排口排出，进入沉淀炉，利用粗铅和渣的不同密度来分离。

艾萨炉顶吹富氧熔炼备料简单，能使用低级块煤作燃料，烟气 SO_2 浓度高，可直接制酸，原料适用性强，可以处理含铅锌渣料。但该法一般能耗高，投资大，烟尘率高，如采用单炉熔炼周期性作业，还原阶段 SO_2 烟气不连续，制酸相对麻烦。

艾萨炉熔炼工艺的流程包括原料混合、原料运送、造粒、艾萨炉、氧气站、废热锅炉、静电除尘、旋转沉降炉。艾萨炉富氧顶吹熔炼炼铅工艺流程如图 4-5 所示。

2005 年，中国云南驰宏锌锗引进艾萨法熔炼工艺，建成年产 8 万吨的铅生产线。

奥斯麦特法炼铅，采用单炉操作，首先氧化脱硫产出部分粗铅，然后加入还原剂，调整操作气氛进行还原熔炼，产出二次粗铅，最后进行烟化，回收炉料中锌、铟等有价金属。放渣后重新加料，周期操作。采用特殊制酸技术将波动的 SO_2 浓度变成稳定 SO_2 浓度，制酸获得成功。

奥斯麦特法处理废渣在韩国锌业公司获得成功，该公司的温山冶炼厂有 5 台奥斯麦特炉，2 台用于 QSL 炉铅渣贫化

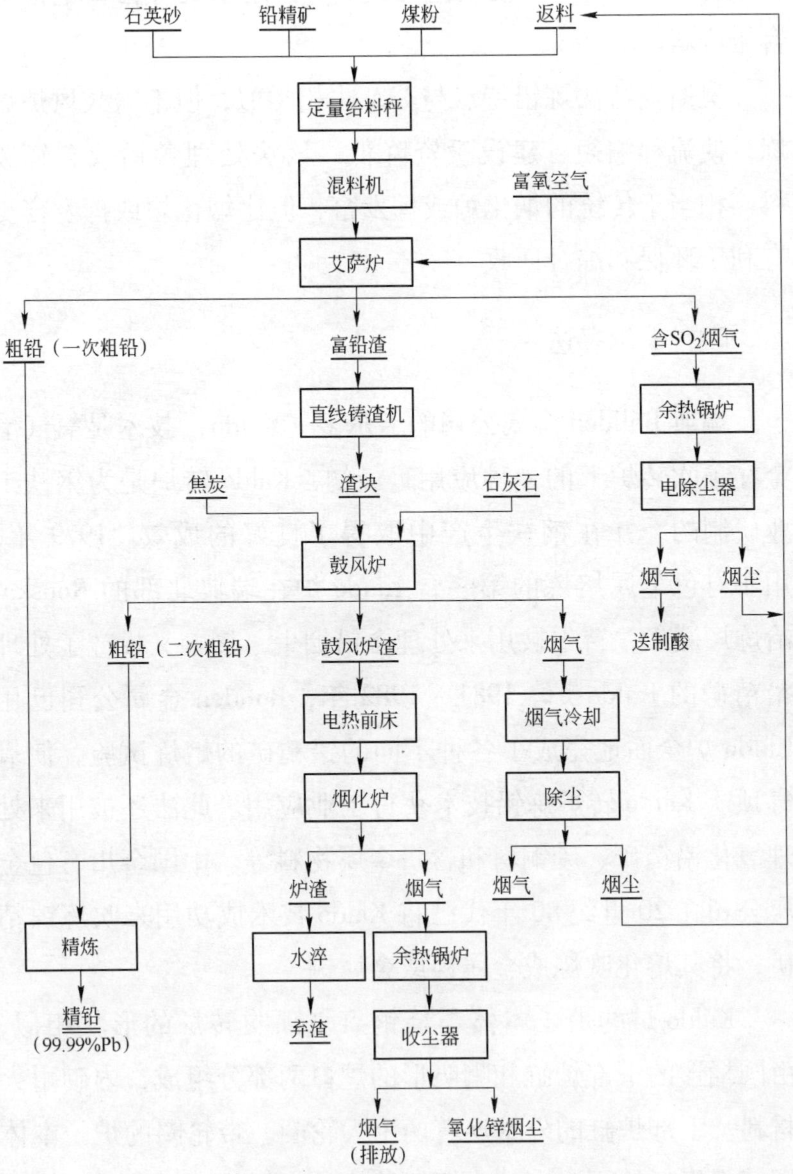

图 4-5　艾萨炉富氧顶吹熔炼炼铅工艺流程

和烟化，2 台用于锌浸出渣处理，1 台用于处理铅蓄电池等含铅废料。

奥斯麦特法炼铅特点与 ISA 法相类似，但不需鼓风炉熔炼，使流程缩短，建设投资降低。该法处理含铅或含锌废料，相当于传统的烟化炉或挥发窑，但比烟化炉或挥发窑更有利于环保和综合回收。

四、卡尔多法

瑞典 Boliden 金属公司的卡尔多（Kaldo）技术是氧气冶金在顶吹转炉上的一种应用。最初，Kaldo 转炉是为钢铁工业研制的，并在钢铁生产中取得了良好的成效。1979 年，用于有色金属熔炼的第一台 Kaldo 炉在瑞典北部的 Ronskar 冶炼厂诞生，首先被用来处理含铅烟尘，接着又投产了处理铅精矿的 Kaldo 炉。1981 ~ 1982 年，Boliden 金属公司已用 Kaldo 炉全面地完成了各种不同的铅精矿的熔炼试验，使氧气顶吹 Kaldo 转炉炼铅技术获得工业应用。此法还被用来处理氧化铅精矿、废铜料和含贵金属物料等。中国金川有色金属公司在 20 世纪 80 年代已将 Kaldo 技术成功用来吹炼镍精矿，将其熔化吹炼成金属镍或金属铜。

Kaldo 炉的炉子本体与炼钢氧气顶吹转炉的形状相似，由圆桶形的下部炉缸和喇叭形的炉口两部分组成，内砌耐火材料。下部炉缸的外壁连着两个大轮圈。带轮圈的炉子本体用若干组托轮固定在一个框架结构的空间笼中，炉子本体在安装于空间笼上的电机、减速传动机构的驱动下，可沿炉缸的轴做回转运动，其转速可以在 0～30r/min 之间调节。空间笼的两端有两个更大的轮圈并通过两组托轮安装在炉子基础上。在摇炉动力装置的驱动下，整个空间笼都可以在保持炉子本体自旋的情况下根据工艺需要调整炉体倾角。在正常作业倾角的部位，设有烟罩和烟道，将炉气引入收尘系统，输送燃油和氧气的燃烧喷嘴和输送精矿的加料喷枪通过烟罩从炉口插入炉内，整座炉子包括粗铅包子、渣包以及某些附属设备用一个很大的通风集尘罩包围起来，通过一个大的风机将弥散于其中的烟气和尘送到环境布袋室净化后排空。图 4-6 所示为氧气顶吹 Kaldo 转炉法炼铅工艺流程。

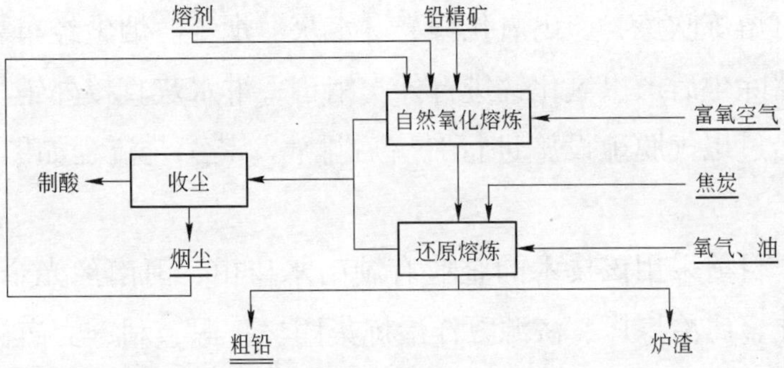

图 4-6　氧气顶吹 Kaldo 转炉法炼铅工艺流程

由于 Kaldo 转炉吹炼的作业是周期性的，烟气量与烟气成分均不稳定，热损失较多等原因，该直接熔炼工艺尚未被推广应用。

五、富氧底吹鼓风炉还原炼铅

氧气底吹熔炼—鼓风炉还原炼铅工艺（SKS 法）是利用

富氧底吹炉和鼓风炉分别完成两个工艺过程。铅精矿、返粉、石灰石和石英砂等经过配料，由圆筒制粒机制成粒状投入底吹炉，通入氧气进行熔炼。产出粗铅、液态高铅渣和含 SO_2 烟尘。烟尘经电收尘器除尘后，烟气采用双转双吸法生产浓硫酸，烟灰返回配料。高铅渣、焦炭、石灰石等经过配料，进入鼓风炉内通入氧气进行熔炼。产出粗铅、烟灰、含锌渣和含 SO_2 烟尘。烟尘经布袋除尘器除尘后产出烟灰，返回原料仓进行重新配料。烟气经过尾气脱硫设施进行脱硫后排放。含锌渣进入电热前床提温后进入烟化炉进行氧化提锌作业程序。鼓风炉终渣、粉煤、冷渣进入烟化炉内通入氧气进行熔炼吹炼，产出氧化锌、淋水灰、烟气。烟尘经布袋除尘器除尘后产出氧化锌进行外卖销售，淋水灰直接外销。烟气经过尾气脱硫设施进行脱硫后排放。其工艺流程如图 4-7 所示。

目前采用该技术的企业有湖南水口山、河南豫光金铅、豫北金属冶炼厂、济源万洋冶炼集团、济源金利、云南祥云飞龙、河南凌冶、江西金德铅业、西部矿业等。该技术已逐步得到国际认可，印度即将建成投产的德里巴铅厂就是采用 SKS 炼铅法，澳洲皮里港（Port Pirie）铅冶炼厂也拟采用该冶炼工艺。

六、优化集成创新铅冶炼技术

基于目前直接炼铅技术的还原段普遍使用鼓风炉还原方法，氧化段产出的液态富铅渣的显热未得到充分利用，而在

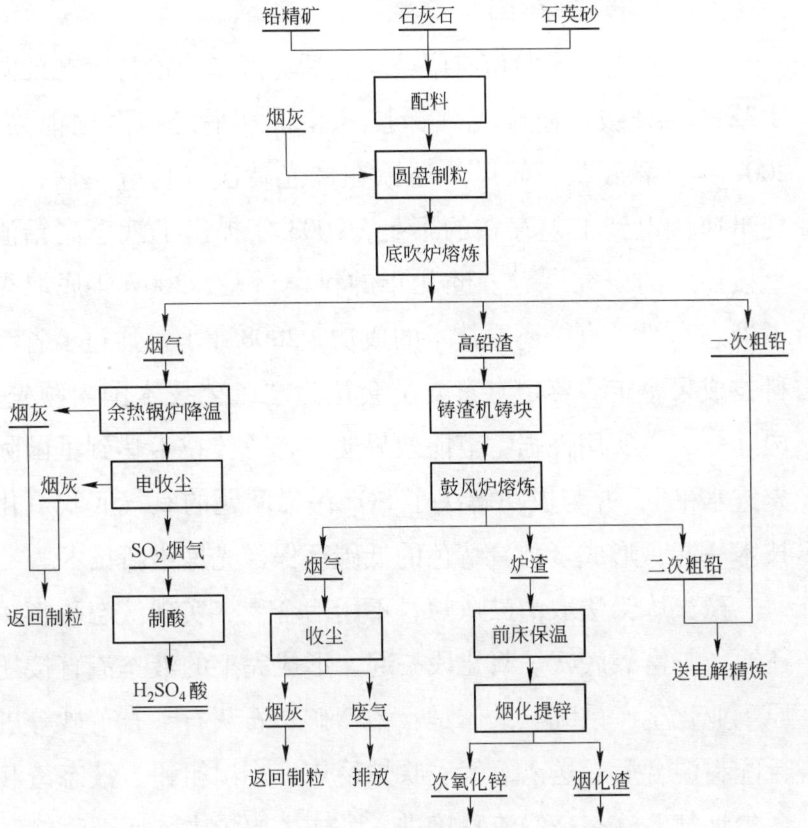

图 4-7　氧气底吹熔炼—鼓风炉还原炼铅工艺流程图

鼓风炉还原过程又要消耗价格昂贵的焦炭，因此，对液态富铅渣还原技术的优化集成创新研究和产业化试验最近几年越来越受到铅冶炼企业的重视。在“氧气底吹—鼓风炉炼铅技术”替代烧结机工艺的基础上，豫光金铅、济源金利、济源万洋、豫北金铅和安阳岷山等十几家企业不断发展和创新了富氧熔池熔炼工艺，并优化改进了液态高铅渣还原工艺。

（一）豫光炼铅法

河南豫光金铅股份有限公司先后完成了铅冶炼工艺的几次革命性升级，使豫光炼铅技术装备水平走在全国前列。2002 年富氧底吹—鼓风炉还原在豫光首次成功应用后，公司迅速认识到工艺存在的不足，2003 年提出了液态高铅渣直接还原的研究课题。经几年的科学试验，2007 年底取得了液态高铅渣直接还原技术的成功，2008 年 1 月通过了省级科技成果鉴定。鉴定专家委员会认为“工艺技术国内领先，国际先进，实用性强，节能效果明显，总体技术达到了国际先进水平”，并与成功解决了 SO_2 污染问题的氧气底吹氧化技术一起，形成了独具特色的低碳环保豫光炼铅新技术。

豫光炼铅法取消鼓风炉，不用冶金焦，实现液态渣直接还原，与富氧底吹炉氧化段一起，形成完整的液态渣直接还原工业化生产系统。具体是：铅精矿、石灰石、石英砂等进行配料混合后，送入氧气底吹炉熔炼，产出粗铅、液态渣和含尘烟气。液态高铅渣直接进入卧式还原炉内，底部喷枪送入天然气和氧气，上部设加料口，加煤粒和其他辅料，采用间断进放渣作业方式。天然气和煤粒部分氧化燃烧放热，维持还原反应所需温度，气体搅拌传质下，实现高铅渣的还原。工艺流程如图 4-8 所示，主要设备如图 4-9 所示。

豫光炼铅新技术的主要特点有：

（1）流程短。该工艺省去了铸渣工序，淘汰了鼓风炉，降低了烟尘率（国际同类技术的烟尘率一般在 15% 左右，而豫光炼铅法的烟尘率仅为 7% ~8%）。

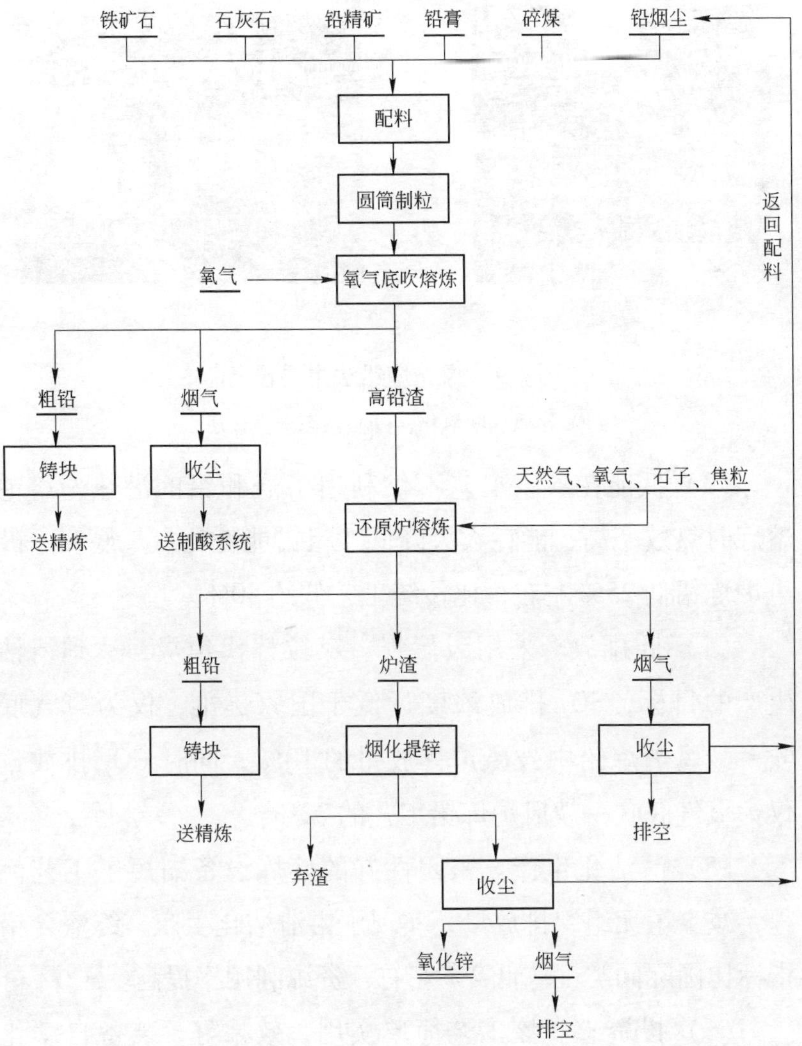

图 4-8 豫光炼铅法的工艺流程图

（2）自动化水平高。工艺可在氧化、还原等关键工序中设置多个数据控制点，实现全系统的 DCS 集中自动控制，用工大幅减少，系统生产更安全稳定。

(a) (b)

图 4-9 豫光炼铅法主要设备

（a）富氧底吹氧化；（b）液态渣直接还原

（3）低能耗。该工艺不仅利用了渣和铅的潜热，熔池熔炼时热效率高，能耗大大降低。粗铅能耗比氧气底吹—鼓风炉炼铅低 25% 左右，比传统工艺低约 50%。

（4）低排放。采用天然气、煤粒替代焦炭，达到清洁生产的目标，SO_2 排放浓度远低于国家标准，仅为氧气底吹—鼓风炉炼铅中鼓风炉排放量的 10%，同时 CO_2 排放量仅为氧气底吹—鼓风炉炼铅工艺的 22%。

（5）清洁化生产。密闭性好的熔炼设备缩短了工艺流程，减少了无组织排放量，实现了铅清洁化生产。终渣含铅指标比国际同类工艺低 2% 左右，资源利用率提高。

（6）投资省。该工艺简单实用、效果好，装备自动化水平高，不需要昂贵的引进费用，投资省，建设周期短，10 万吨/a 生产线的投资规模仅为国际同类工艺的 60%。

豫光炼铅法各项环保经济技术指标优于国标。表 4-1 是豫光炼铅法与其他工艺技术经济指标的对比。

表 4-1 几种工艺的技术经济指标对比

项 目	烧结机—鼓风炉生产工艺	氧气底吹—鼓风炉还原工艺	富氧底吹—液态渣还原工艺
工艺流程	长	较短	短
工作环境	扬尘点多，环境差	扬尘点较少，环境好	扬尘点少，环境更好
生产效率	低：（1）只还原段产铅；（2）氧化还原过程均为鼓风熔炼，反应速度较慢；（3）过程中有 70% 返粉，需重新返回配料	较高：（1）氧化段产出部分粗铅；（2）采用富氧熔炼，反应速度较快；（3）不需要返粉，单位时间内效率高	高：（1）氧化段产出部分粗铅；（2）采用富氧熔炼，反应速度较快；（3）氧化段生成的液态高铅渣直接流入还原炉，流程紧凑，效率高
原料适应性	原料适应性一般	原料适应性广	原料适应性广
粗铅品位/%	96~97	98~99	98~99
烟气 SO_2 浓度及收率/%	SO_2 浓度：1.5~2.2，SO_2 收率：80	SO_2 浓度：8~10，SO_2 收率：98	SO_2 浓度：8~10，SO_2 收率：98
铅总收率/%	95~96	96.5~98	97~98
脱硫率/%	60~70	98	98
返粉率/%	68~70	0	0
烟尘率/%	氧化段：5~10，还原段：6~7	氧化段：12~14，还原段：6~7	氧化段：12~14，还原段：12~13
熔剂率/%	不含水渣约 11，含水渣约 20	氧化段：3，还原段：7~8	氧化段：3，还原段：2~3
氧气单耗/$m^3 \cdot t^{-1}$	0	270~280	360
电耗/$kW \cdot h \cdot t^{-1}$	155~158	80~90	80~96

续表4-1

项　目	烧结机—鼓风炉生产工艺	氧气底吹—鼓风炉还原工艺	富氧底吹—液态渣还原工艺
水耗/$m^3 \cdot t^{-1}$	8~10	1.5~2.5	7.2
焦耗/$kg \cdot t^{-1}$	375~385	160~170	69（无烟煤耗）
天然气耗（标态）/$m^3 \cdot t^{-1}$	—	—	37.4
混合矿含铅/%	45~55	45~65	45~65
混合矿含硫/%	6~9	16~18	16~18
鼓风炉床能力/$t \cdot (m^2 \cdot d)^{-1}$	65~75	50~65	—
鼓风炉焦率/%	11~14	14~18	—
终渣含铅/%	2~3	3~4	2.5~3
尾气 SO_2 浓度/$mg \cdot m^{-3}$	880（治理后）	220	220
综合能耗（标煤）/$kg \cdot t^{-1}$	463	300	230
投资额	大	小	小
CO_2 单位排放量/kg	709	308	154
SO_2 单位排放量/kg	4.56	1.98	1.41

（二）三连炉

由济源万洋、河南中联、中南大学、北京恩菲公司等共同完成的“三连炉直接炼铅技术研究及产业化应用”项目的成功，标志着继氧气底吹—液态高铅渣直接还原炼铅后，又一自主研发的低耗炼铅技术取得成功并投入产业化应用。

“三连炉”直接炼铅装置由富氧底吹氧化、双侧吹立式还原及烟化提锌三部分连接而成，没有传统工艺上的铸渣机、电热前床和热渣包等。铅原料经富氧熔化后可直接进入还原炉还原，还原后热渣再直接进入烟化部分提取次氧化锌。这样的生产工艺不仅结构紧凑、占地少，而且热损失少，安全性高，同时减少生产过程中烟气外溢，冶炼环境清洁卫生。“三连炉”设备图如图 4-10 所示。济源万洋建成的“三连炉”照片如图 4-11 所示。

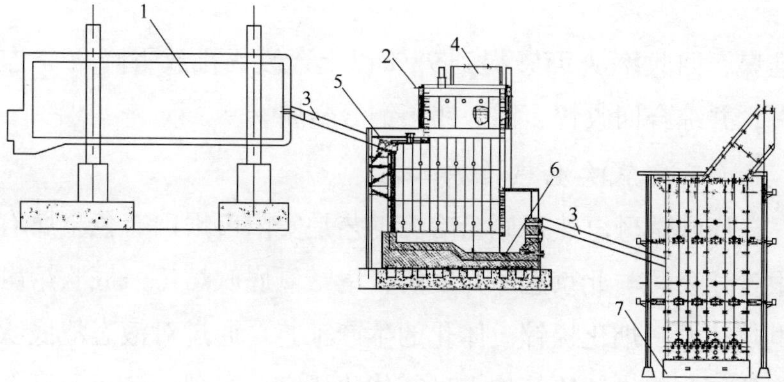

图 4-10　“三连炉”设备图

1—底吹炉；2—还原炉氧化区；3—连接溜槽；4—烟气出口；
5—还原炉入渣口；6—还原炉沉铅区；7—烟化炉

“三连炉”直接炼铅工艺具有流程短、运行效率高、设备环节少、整个工艺流程在密闭中进行、生产清洁环保、运行稳定、自动化程度高、实用性强、占地小、投资省等优点。特别是节能减排、资源综合回收效果显著，如粗铅冶炼阶段综合能耗由原来的每吨 440kg 标准煤，下降至 198kg 标

图4-11 济源万洋建成的“三连炉”图片

准煤，回收率从95%提到98%以上，废气排放下降90%左右，并综合回收锌、锑、铋、铜等金属。

(三) 底吹电热还原工艺

底吹熔融电热还原铅冶炼工艺是安阳市岷山有色金属有限责任公司与北京恩菲开发的，集富氧底吹熔炼—底吹熔融电热还原—烟化提锌一体化的生产工艺。通过对液态渣底吹天然气和焦炭还原等技术进行优化研究，实现低渣率及高金属回收率，降低单位能耗和烟尘率，实现低碳和节能环保的目标。

该工艺是液态铅渣直接进入还原炉，铅渣不需冷却铸锭，节约了能耗，用电热代替气体燃料以及用工业氧熔炼，减少烟气量，进一步降低能耗，且实现了用粉煤代替焦炭，节约成本。该项目采用液态铅渣底吹电热还原技术代替落后的鼓风炉工艺，可有效解决鼓风炉存在的能耗高的缺点。该项目的实施符合国家节能减排，低碳排放的产业政策，对促进国内铅冶炼产业实现技术升级具有重要示范作用。粗铅单位产品综合能耗较原有底吹—鼓风炉工艺下降40%以上，粗铅冶炼回收率不小于98%，渣含铅小于3%。

第三章　粗铅的精炼

第一节　概　　述

粗铅精炼分为火法和电解两种。采用火法精炼的生产能力约占总精炼能力的80%。无论采用火法精炼或是电解精炼，均可获得99.99%的精铅，同时可从精炼的半产品中回收铜、金、银、铋、锡、锑、硒和碲等有价金属。世界上电解精炼过程也正趋于机械化、自动化和设备大型化。

第二节　火 法 精 炼

火法精炼投资少，生产周期短，占用资金少，生产成本较低，特别适宜于处理含铋较低的粗铅。但是工序多，铅直收率较低，劳动条件较差。

火法精炼的主要工序有：(1) 除铜，先熔析或凝析除铜，再加硫深度除铜；(2) 加苛性钠除碲；(3) 用氧化法或碱性精炼法除砷、锑、锡；(4) 加锌回收银；(5) 除锌；(6) 加钙镁除铋；(7) 最终精炼铸锭得到最后产品。粗铅火法精炼的一般工艺流程如图4-12所示。

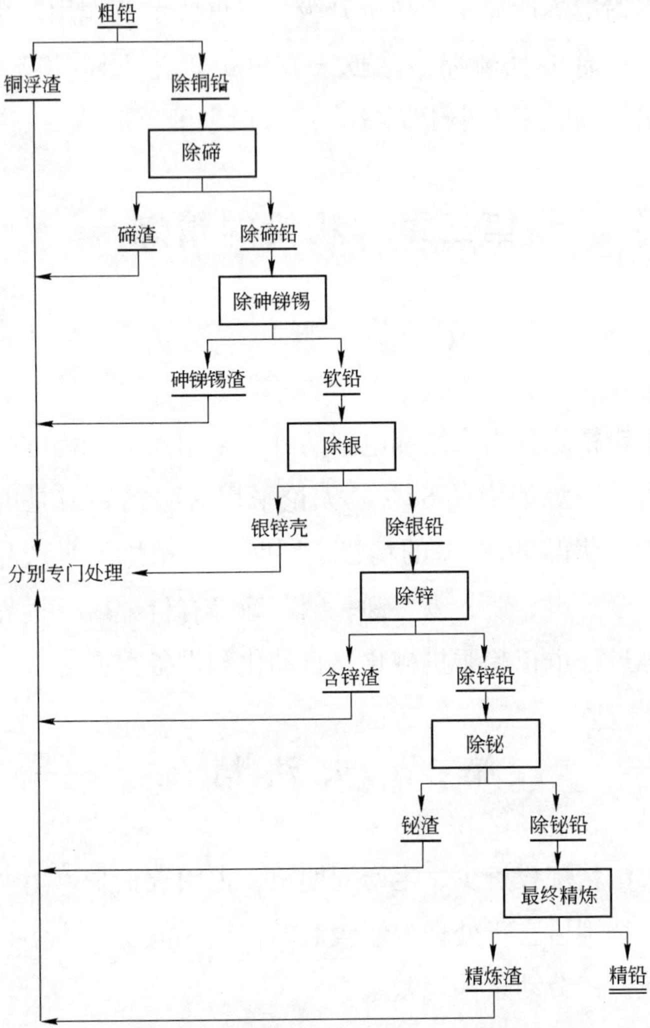

图 4-12 粗铅火法精炼的一般工艺流程图

第三节 电 解 精 炼

铅的电化学当量比较大，标准电极电位较负，给粗铅电解精炼创造了有利的条件。硅氟酸对铅的溶解度大，电导率较高、稳定性较好且价格也较低，是其在铅电解精炼中运用的主要原因。与火法精炼相比，铅电解精炼流程简单，中间产物少，铅的产品质量和回收率都比较高，阴极铅纯度可大于99.99%。粗铅中绝大多数的铋和贵金属都富集在阳极泥中。阳极泥一般为溶解铅量的1%～4%，所以铋和贵金属在阳极泥中可富集25～100倍。因此，电解精炼特别适合于处理含铋和贵金属较高的粗铅。

粗铅电解精炼工艺的主要优点是：粗铅精炼工序大为简化，一次精炼即可得到99.994%以上的1号电铅；阳极中的杂质绝大部分进入阳极泥，与火法精炼相比，中间产品的数量大为减少；大部分有价金属和贵金属都富集于阳极泥中，从而有利于有价金属和贵金属综合回收。由于精炼工序的简化，铅的直接回收率提高。在电解精炼过程中，由于仅需一道火法除杂质工序，使铅蒸气对人体的危害相对减少，劳动条件相对全火法精炼要好。

其主要缺点是基建投资较大，生产周期长，只能得到单一等级的精铅；同时电解精炼前仍需采用火法初步精炼除铜等，难于避免铅蒸气对人体的危害。

铅电解精炼的一般工艺流程如图4-13所示。

近几年铅电解装备水平已经得到了显著提升，大极板的采用已经奠定了中国铅电解设备大型化、机械化和自动化的基础。铅电解车间主要装备如图4-14所示。

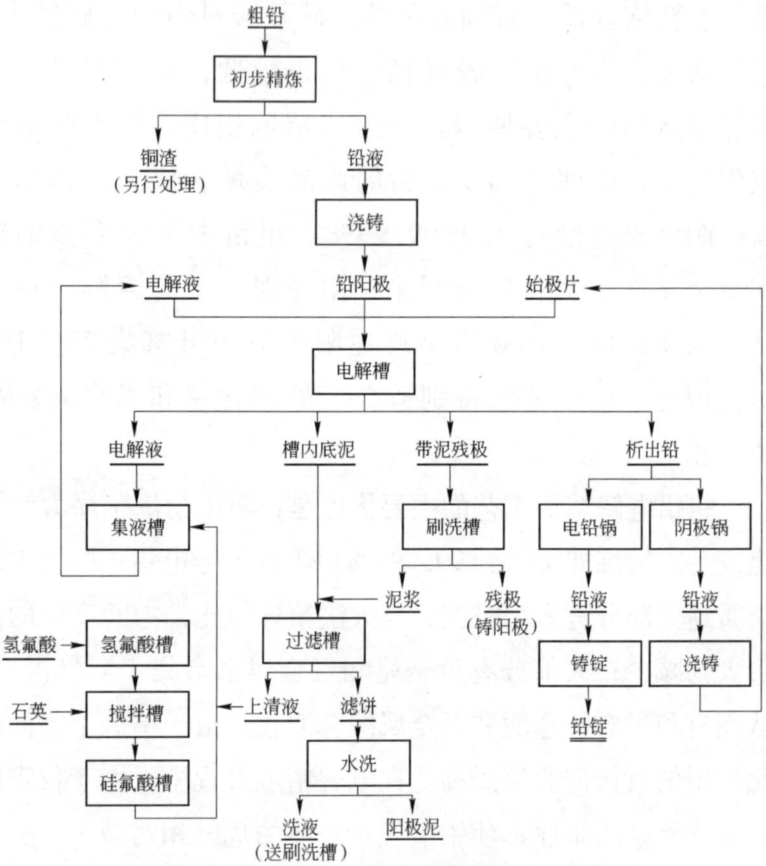

图 4-13　铅电解精炼的一般工艺流程图

图 4-14　铅电解车间主要装备图

第五篇

铅资源循环利用

第一章 概　　况

中国再生铅工业起步于20世纪50年代，年产量长时间在千吨位徘徊。最近十几年来，随着国家对环境保护和资源综合利用的重视，中国再生铅工业取得了快速发展，已初步形成独立的产业，产量已由1990年的2.82万吨增加到2010年的135万吨。2010年再生铅产量占全国铅总产量的比重是32.2%，提高很快，但与发达国家相比，比重仍偏小。发达国家再生铅产量的比重一般在42%～65%之间。2010年美国再生铅产量为113.2万吨，对再生铅的依赖程度高于90%；日本、法国、德国、瑞典、意大利等一些国家再生铅产量占其本国铅产量的比重也都超过50%。

中国再生铅产业在铅工业中的地位越来越重要。再生铅生产几乎遍布全国各省市，目前，已形成了江苏邳州、无锡，河南济源、安阳，河北保定，山东临沂，安徽阜阳，湖北襄樊、宜昌等几个再生铅集散地和生产区。再生铅产量80%以上集中在江苏、河南、安徽、山东、河北、湖北和上海等地。中国已形成一批较典型的再生铅企业，见表5-1。

表5-1 中国目前较典型的再生铅企业

企业名称	再生铅产能/万吨
江苏春兴集团公司	35
湖北金洋冶金股份有限公司	10
河南豫光金铅集团公司	10
河南豫北金铅责任有限公司	10
上海飞轮有色冶炼厂	4.5

第二章 铅二次资源

中国再生铅主要来源于：各种机动车、电动车、点火照明的铅酸电池；发电厂、通信、医院等单位后备电源，即工业蓄电池；电缆铅、印刷字铅及硬杂铅；铅酸蓄电池厂生产中报废铅渣、铅灰，钢厂、锌厂收尘铅灰。铅的回收体系比较混乱，个体经营小厂较多，一般采用“现金交易”，一定程度上影响了铅二次资源市场秩序。大致回收比例是：个体经营收购点占60%、蓄电池零售商占17%、汽车维修和4S店占5%、蓄电池制造商占8%、再生铅厂及再生铅专业回收点占10%。这些铅二次资源一般流到蓄电池厂和原生铅冶炼厂的占18%、小型冶炼厂占39%、专业再生铅厂占43%。

再生铅原料一般由Pb、Sb、Sn、Cu、Bi等元素组成，其中铅含量通常大于80%。部分再生铅原料化学成分见表5-2。

表 5-2　部分再生铅原料的化学成分　（%）

化学成分	Pb	Sb	Sn	Cu	Bi
废铅蓄电池极板	85～94	2～6	0.03～0.5	0.03～0.3	<0.1
压管铅板（管）	>99	<0.5	0.01～0.03	<0.1	
铅锑合金	85～92	3～8	0.1～1.0	0.1～0.8	0.2～0.5
电缆铅皮	96～99	0.11～0.6	0.4～0.8	0.018～0.31	
印刷合金	98～99	0.05～0.24	0.05～0.02	0.02～0.13	

再生铅原料具有物理形态和化学成分变化大的特点，从这类原料中提铅应根据具体的原料对象采取不同的处理方法。总的原则是：同一组别的金属及合金废料因化学成分一致或接近一致，可采取直接重熔然后精炼的方法。这是一种成本低、经济效益好的利用方法。将铅栅和铅膏分选开，铅栅直接配合金再做铅栅，铅膏是铅的硫化物和氧化物，需重新冶炼或加入原生铅企业铅精矿一起冶炼回收。

回收再生铅可节约能源，再生铅能耗仅为原生铅的25.1%～31.4%，从铅废料直接回收的再生铅，不需要像生产原生铅那样经过采矿、选矿等工序，故生产工序少、对生态系统破坏小。回收再生铅资源有利于环境保护，如果各种铅废料若不加以合理回收，都将成为环境的污染源，尤其是废蓄电池，只有充分回收利用，才能避免其中的铅膏和硫酸污染环境。为了保护环境和保证铅工业的持续发展，必须充分利用二次原料资源，使铅金属进入生产—消费—再生的良性循环。

第三章 再生铅冶炼技术

第一节 主要工序

再生铅的生产过程主要包括原料的预处理和熔炼等主要环节。

一、原料的预处理

原料的预处理主要是从含铅废料和残渣中去除金属及非金属杂质。用于原料预处理的步骤包括：电池的破碎、碾压和水分的去除。电池破碎也就是将电解液排空并将电池破碎，随后机械或人工分离其中的塑料、铅栅及铅膏。

二、熔炼

铅栅的熔炼：按照所需合金的标准配料，经熔炼成为达标合金，直接再用于铅栅制造。

铅膏的熔炼：熔炼过程产铅可进入铅精矿同时冶炼，也可将含铅物料熔化和分离铅，并完成氧化物向单质铅的还原过程。熔炼过程在鼓风、反射炉或旋转炉中进行。在鼓风炉中，经过预处理的金属原料和废铁、焦炭以及一些循环利用的炉渣，还有烟灰和石灰石充分混合后作为焚烧炉的原料。

部分焦炭通过与鼓入的空气发生反应生成的大量热来熔化铅金属，另一部分焦炭作为还原剂来还原其中的氧。石灰和废铁所起的作用是熔化后浮在熔融金属的表层，形成一层阻碍铅元素氧化的保护层。同时，熔化的铅水从熔炉中均匀地流入铸锭机后再电解精炼。

第二节 典型工艺

再生铅生产企业有两种类型，一类是以反射炉工艺为主的独立再生铅生产企业，这类企业中有部分采用冲天炉或大锅熔炼的非法再生铅企业；另一类是以底吹工艺为主处理再生铅原料的矿产铅冶炼企业。

再生铅的冶炼技术有：

(1) 反射炉熔炼、铅精炼锅精炼技术。这是一种传统的再生铅技术，用于处理高铅含量的废料。部分纯化的铅定期从炉子中放出，随后在熔化炉或坩埚炉中进行深度加工。目前反射炉被国内大型专业再生铅企业普遍采用。该工艺的特点是工艺相对简单，但对环境仍然有一定的污染，而且金属回收率低，能耗高。

(2) 土炉熔炼或冲天炉熔炼。主要是采用大锅熔炼。其主要问题是金属回收率低、能耗高，对环境污染严重，属淘汰技术。

(3) 底吹熔炼。这是矿铅熔炼厂处理铅膏经济有效的办法。铅膏按适当比例配入不同的高金、银等硫化辅料补热，在产出再生铅的同时，实现了金、银等的高效回收利用。同时，产生的二氧化硫采用两转两吸制酸系统回收，避免含硫烟气污染等难题，实现了硫的高效环保清洁利用。

再生铅基本工艺流程如图 5-1 所示。

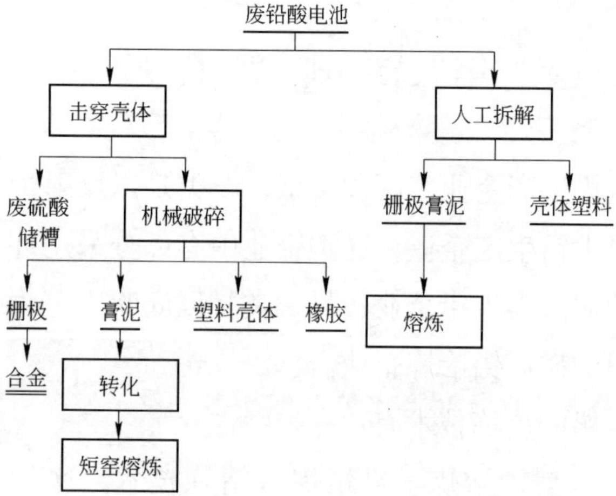

图 5-1 再生铅基本工艺流程

目前发达国家较先进的再生铅生产工艺主要采用 CX 自动化蓄电池破碎和回收系统。在欧洲，采用 CX 预处理系统设备的产能占 70% 以上。现在，全世界已有 20 多套 CX 系统在运行，总处理废蓄电池能力达 120 万吨。2005 年，中国豫光金铅也已引进了一套 CX 预处理系统，新建了年产 10 万吨的再生铅分离工程。采用 CX 预处理破碎分选再生铅工艺流程如图 5-2 所示。传统工艺与国际先进生产工艺综合对比见表 5-3。

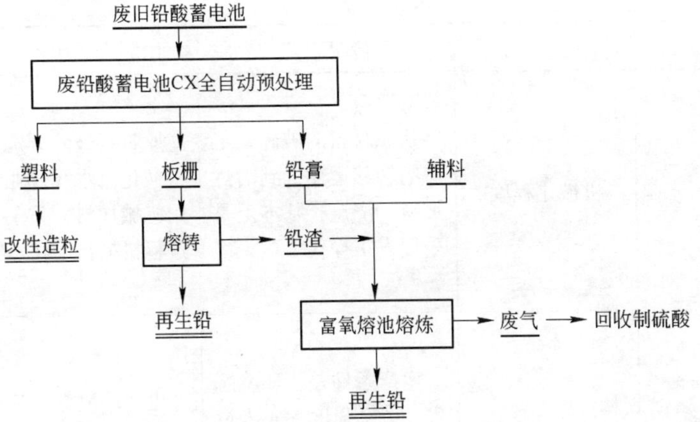

图 5-2　采用 CX 预处理破碎分选再生铅工艺流程

表 5-3　传统工艺与国际先进生产工艺综合对比表

序　号	对比内容	传统工艺	国际先进生产工艺
1	金属铅回收率	80% ~85%	大于 97%
2	综合回收利用率	合金中的锑元素没有得到充分利用，部分进入废渣，锑回收率仅为 60%	合金中的锑元素得到充分利用，锑回收率大于 95%
3	环境保护	熔炼过程中产生大量的二氧化硫气体及铅蒸气，废气中的含铅量超过国家标准的上百倍	熔炼前原料经过脱硫处理，基本不产生二氧化硫气体，熔炼炉密封性好，烟气中铅尘达标排放

续表 5-3

序号	对比内容	传统工艺	国际先进生产工艺
4	机械化程度	从原材料的破碎，工序的转移运输，到冶炼加料、浇铸，基本上是采用人工操作	原材料破碎分选采用机械化流水线作业，采用机械加料，整个生产过程机械自动化水平高
5	劳动生产条件	生产条件差，环境恶劣，劳动强度大，人员多，生产不安全，工人身心健康无保障	生产环境好，劳动强度低，人员少，工人身心健康不会受到伤害
6	铅膏预脱硫	没有预脱硫工艺，硫酸铅还原温度高，铅蒸发损失大，烟气含铅浓度高，二氧化硫含量高	原料脱硫率在 90% 以上，可降低熔炼温度，铅蒸发量大大减少，二氧化硫的产生量降低了 90%，达到设计能力后，副产硫酸铵 4200t/a，可减少废渣产生量 3000t

中国大型再生铅企业生产技术正逐步接近世界先进水平。如：江苏春兴合金（集团）有限公司已逐步实现有中国特色的“无污染再生铅专有技术”，还从美国、德国、日本引进了世界先进的废蓄电池破碎及分离设备、分析检测仪器。但占再生铅企业绝大多数的小型企业，处理废铅酸电池多数情况下是以人工拆解为主，对人体和环境危害很大，其

生产工艺仍主要采用传统的小反射炉、鼓风炉和冲天炉等熔炼工艺，铅栅和铅膏一起混炼，基本上未经预处理；一些小企业、个体户甚至采用原始的土窑、土炉冶炼，规模小、能耗高、污染严重、工艺技术落后、金属回收率和综合利用率低。

中国传统的再生铅企业主要采用手工破碎分选废铅酸蓄电池，工艺上大多以小反射炉、鼓风炉和冲天炉等熔炼设备，混炼铅栅和铅膏，铅回收率最高不到90%，综合利用率低，标煤消耗500kg/t，铅蒸气、铅尘、SO_2超过国家标准。由于熔炼技术和设备落后，导致再生资源大量浪费。

先进的废铅酸蓄电池预处理破碎分选工艺已在部分企业推广使用。目前，国内已有9家采用先进的破碎分选系统，蓄电池各组分得到充分综合利用，铅的回收率达到97%以上，标煤消耗130～200kg/t，污染物排放达到国家控制标准，工艺技术达到国外先进水平，代表了中国再生铅今后的发展方向。

第六篇

中国铅工业的环境保护

第一章　铅的污染特性

铅是一种毒性很大的元素，可对人体许多器官带来不良影响，特别是对人的肺、肾脏、生殖系统、心血管系统。这些影响表现为智力下降（尤其是对儿童学习方面）、行为失常、肾损伤、不育、流产以及高血压，还可引起铅脑病、腹绞痛、多发性神经炎、溶血性贫血等，具有致癌性。

无论是矿产铅还是再生铅生产，甚至铅酸蓄电池的生产都不可避免会产生铅污染事件。近年来，“血铅”事件时有发生，“谈铅色变”已成为全社会的共识，引起了涉铅产业的高度重视。

第二章　铅工业污染治理

随着全社会用铅量的不断积累，铅污染事件随时随地都可能发生。铅采选冶企业必须严格按国家有关法律法规做好铅污染防治工作，坚决杜绝铅污染恶性事故的发生。对任何可能产生的含铅废气排放源都必须采取有效防治措施，实现达标排放；对生产过程中可能产生的含铅废水，包括车间地面冲洗水、初期雨水及部分工艺外排水，均要采用有效处理措施，最大限度地实现循环利用，努力实现企业含重金属废水“零排放”。对生产过程中可能产生的各种固体渣，首先要最大限度地实现资源化无害化再利用，其次是要做无害化再处理，严格执行《危险废物贮存污染控制标准》（GB 18597—2001）。

第三章　安全防护

铅生产和使用过程中涉及的危险物主要为铅蒸气及废水。由于温度高，铅以蒸气状态挥发在空气中直接危害人的身体健康，容易造成铅中毒；铅粉尘，由于铅尘飞扬，经呼吸道吸入人体，可导致铅中毒。

第一节　防护措施

为了保护劳动者在铅生产过程中的身体健康和生命安全，除要采用各种各样的通风除尘措施外，还应做好个人防护。

一、防护器材和用品

防护器材一般可分：防护呼吸器官的防毒面具、防毒口罩、防尘口罩、卫生口罩；皮肤防护用品，包括防尘侵蚀的各式工作服、防尘帽、手套、防护眼镜、劳保鞋、绝缘手套、绝缘鞋等。

加强对员工的劳保用品穿戴进行监督管理。要求员工在使用前必须了解掌握各种防护器材的性能、使用方法和注意事项，做到针对性地选用和正确使用。

二、卫生保健措施

加强员工的健康教育，使员工能正确认识职业性铅有害因素，提高自我保护意识，自觉参与职业卫生的预防工作，养成良好的卫生习惯。

做好个人卫生，如在铅污染严重的地方或岗位严禁进食、饮水、班后沐浴等，饭前洗手，洗脸漱口，防止毒物从口腔、消化道侵入人体。

从事铅冶炼和高温作业的人员，应按规定合理饮用保健食品、高温饮料等，以补充身体所需水分和营养，防止缺少盐分、水分而引起中暑。

不要将有铅、镉污染的工作服等相关工作用品带出生产场所。

定期开展生产环境职业危害因素检测，及时了解生产环境中职业性铅危害的性质、种类、强度（浓度）及其时间、空间的分布状况，工厂要根据检测结果对存在职业危害因素的岗位进行科学整治。

加强员工健康监护，对接触铅蒸气和含铅物料的员工进行就业前健康检查、定期健康检查和离岗健康检查，保护员工的健康安全。员工应定期体检，为防止血铅超标，应进行医疗排铅和疗养恢复，合格后才能再上岗。

第二节　从事铅作业职工就业前体检内容及禁忌

主要检查内容：体格检查，神经系统，心血管系统，消化系统。化验检查：血常规、尿铅。

就业禁忌：血液病、继发性贫血、神经系统器质性疾患、高血压、肝肾实质性疾患、动脉硬化、溃疡病、内分泌疾患。

第三节　各种污染物的分布及处置

一、注重生产过程铅金属平衡

要特别重视采选过程中铅等重金属的去向追踪，尽可能减少向大气无组织排放。炼铅过程氧化段沉铅率为50%左右，烟尘率8%～14%。收下的烟尘含铅50%～60%，含镉5%～10%，铅直接产出率在90%左右。炼铅过程中还原段沉铅率40%，炉渣在4%左右，烟尘率5%～9%，烟尘含铅55%～60%，含镉3%左右，铅直接产出率86%左右。炼铅过程中铅的走向为：铅精矿配制成混合矿，含铅51%左右，经过底吹炉氧化，产出部分粗铅和高铅渣，粗铅含铅96%

左右，高铅渣含铅45%～50%。粗铅经过电解精炼，产出品位99.99%以上的成品铅。高铅渣送鼓风炉进行还原，产出含铅96%的粗铅，送精炼厂继续精炼。

铅矿粉中含有少量镉，经底吹炉氧化富集，送锌系统回收镉元素。

二、完善各工序的处置

（一）生产尾气中铅含量及处理

在每个烟气排放口设立脉冲收尘器、布袋收尘器、水膜收尘器等，使大部分有价值的烟灰全部重新回收利用，其他烟灰外售。收尘流程为：含铅空气或弥散工业烟气→除尘器→风机→排空。在铅蒸气、含铅物料飞扬的地方使用收尘罩将含铅空气或弥散工业烟气进行收集，其中在粗铅熔炼部分集中于布袋收尘器处理。

（二）含铅渣类的处理

含铅中间物料及渣类返回流程再处理，经过富氧底吹炉、还原炉、鼓风炉、烟化炉、纳米氧化锌、粗铅精炼等工序将铅全部回收，最终产生的渣类中镉含量很低，一般在0.001%，可外卖作为制作水泥的原料。污水站污泥中因含有大量钙、铁等，作为粗铅冶炼的辅料返回配料系统。

（三）废水的铅、镉含量及处理

污水处理采用三级沉淀处理以及净水、过滤、钠离子交换（或膜过滤）相结合工艺，也可直接采用石灰中和法，添加除钙剂和混凝剂处理，以达到国家排放水质标准。

第七篇

铅行业的相关法律法规和产业政策

第一章　产业政策

第一节　铅锌行业准入条件（2007年）

2007年，国家发展和改革委员会发布〔2007〕第13号公告，公布了《铅锌行业准入条件》。公告指出为加快产业结构调整，促进铅锌工业的持续健康发展，加强环境保护，综合利用资源，进一步提高准入门槛，规范铅锌行业的投资行为，制止盲目投资和低水平重复建设，依据国家有关法律法规和产业政策，发改委经会同国务院有关部门特制定《铅锌行业准入条件》。要求各有关部门在对铅锌矿山、冶炼、再生利用建设项目进行投资核准、备案管理、土地供应、工商注册登记、环境影响评价、信贷融资等工作中要以行业准入条件为依据。《铅锌行业准入条件》自2007年3月10日起实施，由国家发展和改革委员会负责解释，并根据行业发展情况和宏观调控要求进行修订。

准入条件规定，新建单系列铅冶炼能力必须达到5万吨/年（不含5万吨）以上；单系列锌冶炼规模必须达到10万吨/年及以上，落实铅锌精矿、交通运输等外部生产条件，新建铅锌冶炼项目企业自有矿山原料比例达到30%以上。允许符合有关政策规定企业的现有生产能力通过升级改造淘汰落后工艺改建为单系列铅熔炼能力达到5万吨/年（不含5万吨）以上、单系列锌冶炼规模达到10万吨/年及以上。

第二节　产业结构调整指导目录（2011年）

2011年3月27日，国家发展和改革委员会公布《产业结构调整指导目录（2011年本）》。指出，为加快转变经济发展方式，推动产业结构调整和优化升级，完善和发展现代产业体系，根据《国务院关于发布实施〈促进产业结构调整暂行规定〉的决定》（国发〔2005〕40号），发改委会同国务院有关部门对《产业结构调整指导目录（2005年本）》进行了修订，自2011年6月1日起施行。

目录（2011年本）维持2005年本分类不变，仍分为鼓励类、限制类和淘汰类。不属于上述3类，但符合国家法律、法规和政策规定的，为允许类，允许类不列入目录。其中涉及铅锌冶炼的有以下内容：有色金属限制类为：铅冶炼项目（单系列5万吨/年规模及以上，不新增产能的技改和环保改造项目除外）；单系列10万吨/

年规模以下锌冶炼项目（直接浸出除外）；新建单系列生产能力5万吨/年及以下、改扩建单系列生产能力2万吨/年及以下以及资源利用、能源消耗、环境保护等指标达不到行业准入条件要求的再生铅项目。有色金属淘汰类为：采用马弗炉、马槽炉、横罐、小竖罐等进行焙烧、简易冷凝设施进行收尘等落后方式炼锌或生产氧化锌工艺装备；采用烧结锅、烧结盘、简易高炉等落后方式炼铅工艺及设备；利用坩埚炉熔炼再生铝合金、再生铅的工艺及设备；再生有色金属生产中采用直接燃煤的反射炉项目；未配套制酸及尾气吸收系统的烧结机炼铅工艺；烧结—鼓风炉炼铅工艺。

第三节　再生铅行业准入条件（2012年）

为规范、引导再生铅行业健康发展，根据国家有关法律法规、产业政策及《重金属污染综合防治“十二五”规划》、《再生有色金属产业发展推进计划》（工信部联节〔2011〕51号）等规定和要求，2012年9月5日，国家工业和信息化部和环境保护部联合制定并发布《再生铅行业准入条件》。对再生铅企业布局、规模、能耗、环保、安全、卫生、职业病防治均做出规定。准入条件规定新建单系列再生铅项目必须在5万吨/年以上。鼓励企业实施5万吨/年以上改扩建再生铅项目，到2013年底以前淘汰3万吨/年以下的再生铅生产能力。

第二章 污染防治标准及政策

第一节 铅锌工业污染物排放标准（2010 年）

2010 年 9 月 27 日，国家环境保护部和国家质量监督检验检疫总局联合发布《铅锌工业污染物排放标准》。标准规定了铅、锌工业企业生产过程中水污染物和大气污染物排放限值、监测和监控要求。适用于铅、锌工业企业的水污染物和大气污染物排放管理，以及铅、锌工业企业建设项目的环境影响评价、环境保护设施设计、竣工环境保护验收及其投产后的水污染物和大气污染物排放管理。标准规定的水污染物排放控制要求适用于企业直接或间接向其法定边界外排放水污染物的行为。铅、锌工业企业排放恶臭污染物、环境噪声适用相应的国家污染物排放标准，产生固体废物的鉴别、处理和处置适用国家固体废物污染控制标准。标准自 2010 年 10 月 1 日起实施。铅、锌工业企业水和大气污染物排放执行该标准，不再执行《污水综合排放标准》(GB 8978—1996)、《大气污染物综合排放标准》(GB 16297—1996)和《工业炉窑大气污染物排放标准》(GB 9078—1996)中的相关规定。

第二节 铅锌冶炼工业污染防治技术政策(2012 年)

为贯彻《中华人民共和国环境保护法》等法律法规，

防治环境污染，保障生态安全和人体健康，促进铅锌冶炼工业生产工艺和污染治理技术的进步，2012 年 3 月 7 日，环境保护部以〔2012〕第 18 号公告发布《铅锌冶炼工业污染防治技术政策》(以下简称《技术政策》)，即日起实施。

《技术政策》的原则是：注重保障生态安全和人体健康，促进铅锌冶炼工业生产工艺和污染治理技术进步，推进铅锌冶炼产业升级与产能控制，推动铅锌冶炼业开展清洁生产，实施污染综合防治技术路线，合理设置防护距离，严格环境管理要求。在环境敏感区及其防护区内，要严格限制新（改、扩）建铅锌冶炼和再生项目；区域内存在现有企业的，应适时调整规划，促使其治理、转产或迁出。

《技术政策》的目标是：铅锌冶炼业新建、扩建项目应优先采用一级清洁生产标准或更先进的清洁生产工艺，改建项目的生产工艺不宜低于二级清洁生产标准。企业排放污染物应稳定达标，重点区域内企业排放的废气和废水中铅、砷、镉等重金属量应明显减少，到 2015 年，固体废物综合利用（或无害化处置）率要达到 100%。

《技术政策》鼓励先进技术使用和发展，其中包括：环境友好的铅富氧闪速熔炼和短流程连续熔炼新工艺，液态高铅渣直接还原等技术；锌直接浸出和大极板、长周期电解产业化技术；铅锌再生、综合回收的新工艺和设备；烟气高效收集装置，深度脱除烟气中铅、汞、铊等重金属的技术与设备，小粒径重金属烟尘高效去除技术与装置；以及烟气高效脱硫、固废综合利用、废水回用、监测控制、环境修复等新技术、装置、仪器等。

第三章 进出口政策

国家海关进出口政策以及关税调整是影响铅冶炼产品贸易的重要因素。由于国内精铅需求快速增长，资源瓶颈日益突出，国家不鼓励出口耗能较高的冶炼产品。从2006年开始，中国陆续降低、取消了铅冶炼产品的出口退税，甚至增加了出口关税，出口成本的提高抑制了铅冶炼产品的出口。

随着中国海关进出口政策的调整，2006年以来，中国精铅出口大幅下降，铅合金和铅材大幅增加，对世界铅价产生了重大影响，每次中国调整出口政策LME铅价都出现了明显上涨，如图7-1所示。

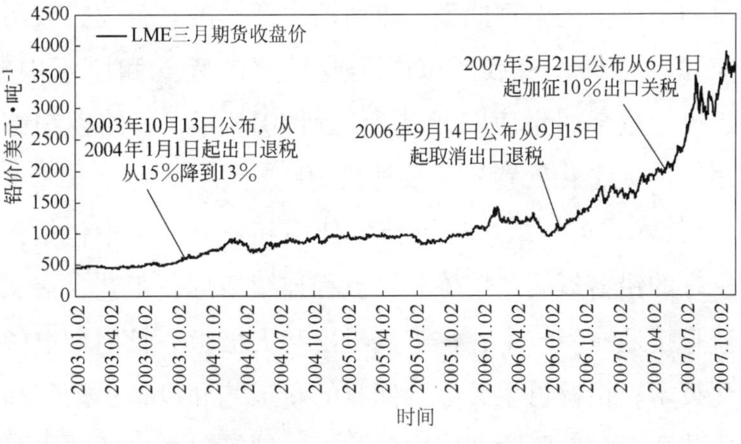

图7-1 中国精铅出口政策变化和LME三月期货收盘价格

第八篇

铅市场供需

第一章　铅精矿生产

第一节　世界铅精矿生产

国际铅锌研究小组（ILZSG）统计，2012 年全球铅精矿产量为 524.1 万吨，其中亚洲产量为 316.2 万吨，占全球的比重为 60.3%，其次为美洲，其 2012 年产量在全球总产量中占 19.7%。分国家看，近几年中国铅精矿产量增长明显，2008 ~ 2012 年，中国产量年均增幅在 15.1%。2008 ~ 2012 年全球铅精矿产量如图 8-1 所示，2008 ~ 2012 年全球及主要国家（地区）铅精矿产量见表 8-1。

表 8-1　2008 ~ 2012 年全球及主要国家（地区）铅精矿产量（金属量）　（万吨）

年　份	2008 年	2009 年	2010 年	2011 年	2012 年
全球合计	380.5	382.8	432.5	469.6	524.1
中　国	140.3	160.4	198.1	240.6	283.8
澳大利亚	61.2	52.9	66.1	53.1	57.3

续表 8-1

年 份	2008 年	2009 年	2010 年	2011 年	2012 年
美 国	41.0	40.6	37.2	34.2	34.6
秘 鲁	34.5	30.2	26.2	23.0	24.9
墨西哥	14.1	14.4	19.2	22.4	23.7

注：资料来源于国际铅锌研究小组（ILZSG）。

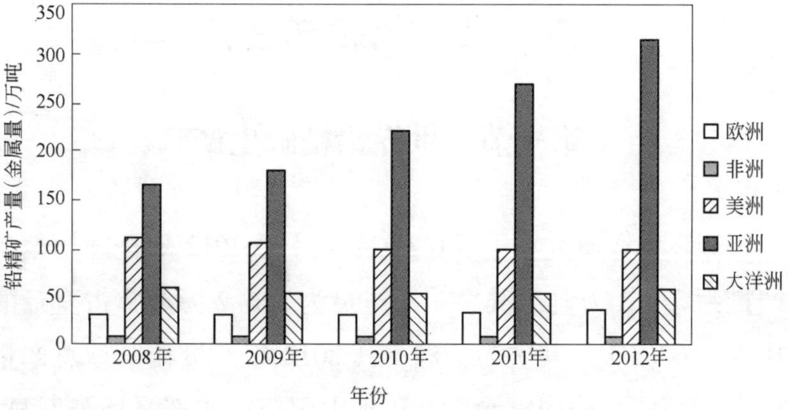

图 8-1 2008～2012 年全球铅精矿产量

第二节 中国铅精矿生产

据中国有色金属工业协会统计，2012 年中国铅精矿产量达到 260 万吨，年度产量在 10 万吨以上的省份有内蒙古、湖南、广西、四川、广东和云南，上述 6 省产量合计在全国的总产量中占到 80.3%。2008～2012 年中国铅精矿产量见表 8-2。

表 8-2　2008 ~ 2012 年中国铅精矿产量（金属量）

（万吨）

年　份	2008 年	2009 年	2010 年	2011 年	2012 年
全国合计	140.3	160.4	185.2	235.8	260
内蒙古	29.4	27.7	42.6	67.2	74.3
湖　南	19.3	16	27.4	34.9	41.4
广　西	9	13	23.8	35.5	38.6
四　川	13.9	16.6	22.3	26.7	30.9
广　东	12.6	12.5	12.9	16.1	12.1
云　南	12.7	11.1	10.6	9.8	11.5
福　建	7.4	5.3	6.8	8	9.7
河　南	4.8	6.8	6.3	6.9	6.9
陕　西	3.3	3.9	4.5	4.3	5.1
青　海	6.6	6	6.1	4.9	4.2
其他省份	21.3	41.5	21.9	21.5	25.3

注：资料来源于中国有色金属工业协会（CNIA）。

第二章　精铅生产

第一节　世界精铅生产

据国际铅锌研究小组（ILZSG）统计，2012 年全球精铅产量 1062.1 万吨，原生铅产量为 464.0 万吨，占全球总产量的 44.6%，再生铅产量为 588.1 万吨。全球精铅生产主要分布在亚洲、美洲和欧洲，2012 年这三大地区精铅产量之和约为 1031. 8 万吨，约占全球总产量的 97. 1%，其中亚洲占 59. 9%。2008 年和 2012 年全球精铅产量情况如图 8-2 所示。

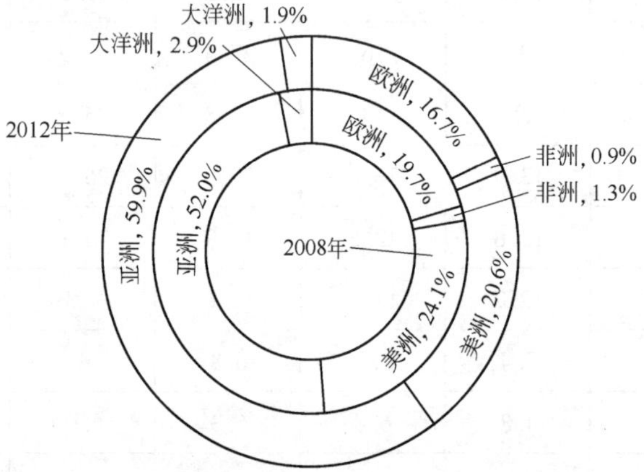

图 8-2　2008 年和 2012 年全球精铅产量情况（万吨金属量）

全球精铅生产主要集中在中国和美国。2012 年中美两国产量为 595. 7 万吨，占全球总产量的 56. 1%。然而，上述两国的生产方式截然不同，中国以原生铅为主，美国以再生铅为主。2012 年中国原生铅产量为 308. 4 万吨，占全球原生铅总量的 66. 5%。2012 年美国再生铅产量为 111 万吨，对再生铅的依赖程度高于 84. 6%。2008 ~ 2012 年全球及主要国家（地区）精铅产量见表 8-3。

表 8-3　2008 ~ 2012 年全球及主要国家（地区）精铅产量（金属量）　（万吨）

年　份	2008 年	2009 年	2010 年	2011 年	2012 年
全球合计	919.6	920.4	981.6	1054.9	1062.1
中　国	345.2	377.3	415.8	460.4	464.6
美　国	128.0	121.4	125.2	124.7	122.1
德　国	41.5	39.1	40.4	42.9	42.3
英　国	30.3	31.2	30.1	27.5	31.2
日　本	27.9	24.8	26.7	25.3	25.8
墨西哥	29.5	26.8	31.7	34.8	33.2
加拿大	25.9	25.9	27.3	28.7	27.8
澳大利亚	26.1	24.6	21.8	23.3	20.0
韩　国	27.3	29.7	32.1	42.2	46.0
印　度	29.4	33.7	38.0	42.6	46.3

注：数据来源于国际铅锌研究小组（ILZSG）。

第二节　中国精铅生产

据中国有色金属工业协会统计，2012 年中国精铅产量为 464.8 万吨。2012 年河南、安徽、湖南和云南四大精铅生产省份产量之和占全国总产量的 78.1%。其中，作为全国精铅生产的第一大省，河南省产量占全国总产量的 32.9%。2008 ~ 2012 年中国精铅产量见表 8-4。

表 8-4 2008～2012 年中国精铅产量（金属量）

（万吨）

年 份	2008 年	2009 年	2010 年	2011 年	2012 年
全国合计	345.2	377.3	419.9	464.8	464.6
河 南	117	119.2	105.4	130.7	152.7
湖 南	60.3	63.6	82.7	96.3	106.5
云 南	35.4	31.9	37.9	43.1	55.8
安 徽	37.2	65.8	85.7	80.1	47.7
湖 北	12.9	13.3	11.2	15.9	30.7
江 西	5.2	7.8	9	10.5	15.3
江 苏	13	17.3	17.1	18.9	10.1
广 西	9.7	7.8	11.5	16.9	9.6
陕 西	5.6	9.3	8.6	4.3	5.1
广 东	14.3	13.3	14.9	2.2	3.8
其他省份	34.6	28	35.9	45.9	27.3

注：资料来源于中国有色金属工业协会（CNIA）。

第三章 精铅消费

第一节 世界精铅消费

世界铅消费主要集中在铅酸蓄电池、化工、铅板及铅管、焊料和铅弹领域，其中铅酸蓄电池是铅消费最主要的领域（见图 8-3）。基于环保的要求，其他领域中铅的消费都比较低。铅在没有任何物理和化学性能损失的情况下，可以完全回收，目前可进入循环链的铅有90%得到回收。

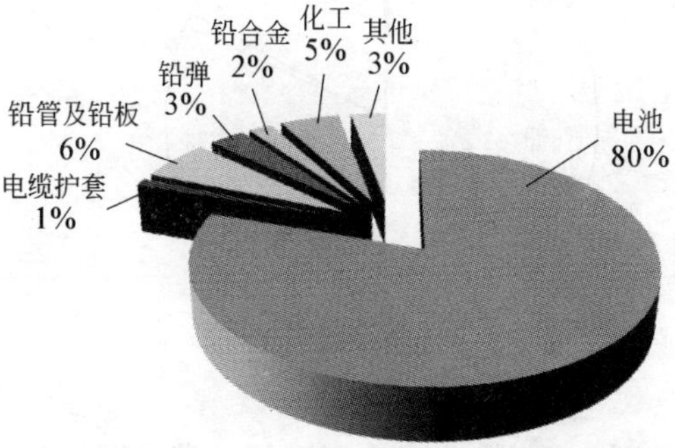

图8-3　精铅消费结构图

（数据来源：国际铅锌研究小组）

据国际铅锌研究小组（ILZSG）统计，2012年全球精铅消费量为1045.6万吨。与精铅生产一致，全球精铅主要消费地区也是集中在亚洲、美洲和欧洲。2012年，上述三个地区精铅消费量分别为661.3万吨、212.5万吨和160.0万吨，三者之和占全球总消费量的98.9%，其中亚洲占全球的比重超过一半，达到63.2%。2012年全球精铅消费地区分布如图8-4所示。

全球精铅消费也呈现两极化，中国和美国的精铅消费量都在百万吨以上，2012年所占全球精铅消费量的比重分别为44.3%和14.3%。2008~2012年，全球精铅消费量年均增长率为3.3%，其增长的主要贡献来自中国，期间中国年均增幅高达6.0%，具体见表8-5。

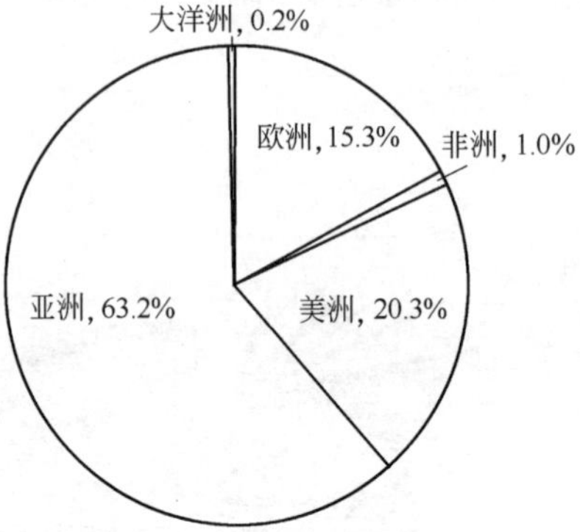

图 8-4 2012 年全球精铅消费地区分布

（数据来源：国际铅锌研究小组）

表 8-5 2008～2012 年全球及主要国家（地区）精铅消费（金属量） （万吨）

年 份	2008 年	2009 年	2010 年	2011 年	2012 年
全球合计	918.8	921.3	978.8	1038.9	1045.6
中 国	345.6	392.5	417.1	458.8	462.8
美 国	151.5	139.7	144.1	153.1	149.9
韩 国	31.2	36.0	38.5	42.0	42.8
德 国	36.9	31.4	34.1	37.2	37.7
印 度	37.3	42.0	44.6	45.2	52.4
西班牙	24.8	24.5	26.4	26.5	24.5
意大利	27.6	20.9	24.7	23.3	22.0
日 本	26.1	18.9	22.4	23.6	26.8
英 国	23.6	20.5	21.4	20.9	22.8
巴 西	22.5	23.3	25.8	26.3	26.0
墨西哥	25.4	19.7	24.8	22.7	22.8

注：数据来源于国际铅锌研究小组（ILZSG）。

第二节 中国精铅消费

中国精铅的主要用途是生产铅酸蓄电池，其次是氧化铅，其他还包括铅材和铅合金、铅盐、电缆等。在2012年精铅的总消费中，铅酸蓄电池精铅的消费量占81.4%左右，具体如图8-5所示。

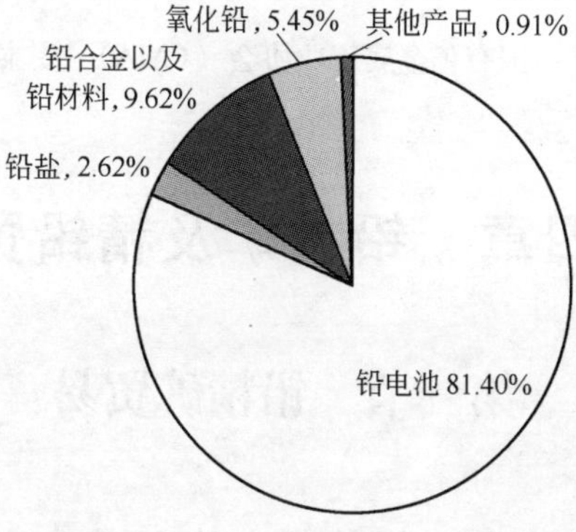

图8-5 2012年中国精铅市场消费结构

（资料来源：安泰科）

2008～2012年，中国精铅表观消费量年均增长率为6.2%，2012年达到469.2万吨。根据铅酸蓄电池产量和精铅年底库存等各方面情况估计，安泰科认为2012年精铅实际消费量为451.0万吨。近年来，中国汽车、通信、金融、电力、交通、电动自行车等行业的快速发展，促进了铅酸蓄电池产业的迅速成长，具体消费和进出口情况见表8-6。

表 8-6 2008～2012 年中国精铅消费和进出口情况

（万吨）

年份	2008 年	2009 年	2010 年	2011 年	2012 年
产量	345.2	377.3	419.9	464.8	464.6
进口量	5.9	20.4	6.2	5.2	5.1
出口量	4.5	2.5	2.5	1.2	0.5
表观消费量	346.6	395.2	423.6	468.8	469.2
实际消费估计	290.3	332.8	375.0	400.5	451.0

注：资料来源于中国有色金属工业协会（CNIA），安泰科（ANTAIKE）。

第四章 铅精矿及精铅贸易

第一节 铅精矿贸易

2010～2012 年间，铅价基本从 2008 年的次贷危机后的低谷中恢复，保持在一个相对高的水平，全球铅精矿贸易逐渐变得活跃。2012 年全球铅精矿贸易量为 361 万吨，其中进口量和出口量分别达到 182.3 万吨和 178.7 万吨。

2012 年前五位国家铅精矿出口量之和占全球总出口量的比重从前一年的 61.9%，进一步提高到 64.7%；秘鲁、澳大利亚和美国是最大的出口国，占全球出口总量的比重分别为 18.4%、18.7% 和 12.0%，具体如图 8-6 所示。

铅精矿的进口非常集中，主要在中国。2008 年中国铅精矿进口量占全球出口总量的 53.1%，2012 年又提高到

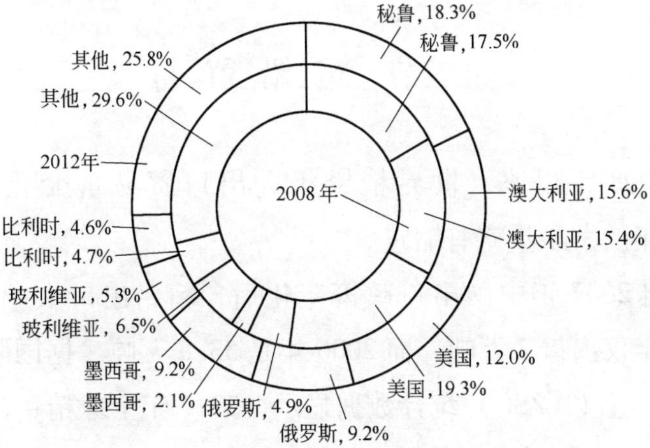

图 8-6 2008 年和 2012 年世界铅精矿出口结构对比图

（资料来源：国际铅锌研究小组）

55%。其他主要铅精矿进口国还有韩国、德国、加拿大和日本等。2012 年世界前五大铅精矿进口国进口量占全球进口总量的 85.6%，具体如图 8-7 所示。

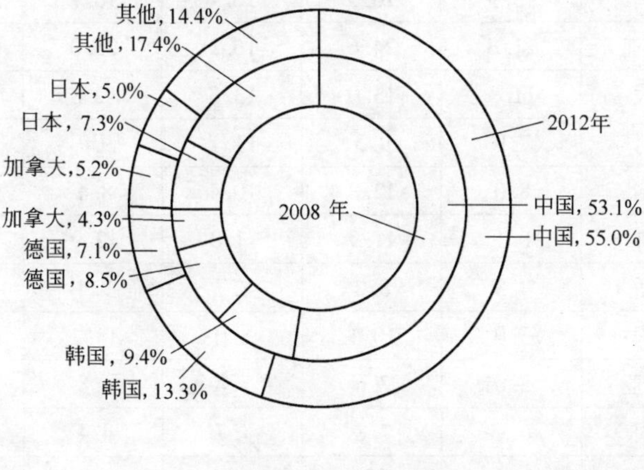

图 8-7 2008 年和 2012 年世界铅精矿进口结构对比图

（资料来源：国际铅锌研究小组）

第二节 精铅贸易

2008年以来，世界精铅年进出口贸易量变化不大；2010年的贸易量略有缩减。

自2007年中国出口政策变化后，精铅出口大幅下降，2012年仅出口2万吨，而2006年是53.8万吨。据国际铅锌研究小组（ILZSG）统计数据显示，2012年全球精铅出口总量为160.8万吨，具体见表8-7。

表8-7 2008~2012年全球及主要国家（地区）精铅出口量

（万吨）

年　份	2008年	2009年	2010年	2011年	2012年
全球合计	166.1	162.3	149.5	164.3	160.8
中　国	3.5	2.4	2.4	1.0	2.0
德　国	13.9	16.3	16.4	16.9	15.6
澳大利亚	21.8	24.6	16.3	25.0	20.1
加拿大	11.3	13.0	13.3	12.8	12.3
比利时	7.9	9.3	11.1	9.7	9.5
英　国	8.0	12.8	10.4	8.4	10.4
墨西哥	8.1	11.9	11.3	12.9	11.6
俄罗斯	7.3	8.8	8.7	9.4	9.4
韩　国	5.0	10.1	8.0	13.7	14.1
保加利亚	8.0	7.6	7.8	6.8	6.2
美　国	6.9	7.8	7.7	4.4	5.0
其他国家	53.6	37.7	36.1	43.3	44.6

注：数据来源于国际铅锌研究小组（ILZSG）。

进口方面，全球精铅进口比较集中，美国一直以来都是全球最大的精铅进口国，2012 年精铅进口量占全球精铅进口量的 21.1%。2009 年中国精铅进口量大幅度增长，主要原因是国内外价差引导的跨市套利交易，具体见表 8-8。

表 8-8 2008~2012 年全球及主要国家（地区）精铅进口量 （万吨）

年份	2008 年	2009 年	2010 年	2011 年	2012 年
全球合计	167.3	167.6	142.4	161.5	166.6
中国	3.9	17.6	3.8	2.5	2.9
美国	31.3	25.3	27.2	31.6	35.2
韩国	9.2	13.1	14.1	14.0	11.1
西班牙	11.3	11.8	10.5	10.3	12.3
德国	9.9	8.7	10.1	11.3	11.0
意大利	8.6	7.7	9.9	9.8	8.3
巴西	8.6	7.9	8.6	7.9	7.3
捷克	5.7	6.5	8.1	3.3	5.7
泰国	5.4	7.0	7.9	7.3	7.3
土耳其	7.2	6.9	7.0	8.3	9.5
中国台湾	5.4	9.6	6.9	9.7	8.6
其他国家	60.8	45.5	28.3	45.5	47.4

注：数据来源于国际铅锌研究小组（ILZSG）。

第九篇

资本市场

第一章　价格情况

第一节　国际价格

伦敦金属交易所（LME）是全球最具影响力的交易机构，全球金属价格主要参考其交易价。LME 铅三月期货价格在 1996 年达到 744 美元/吨左右高点之后，连续走低，2000~2002 年一度处于 467 美元/吨的历史低点。从 2003 年开始，铅价开始走出历史低谷。2003~2007 年间，铅价先后超过了铝价和锌价，在 2007 年 10 月 10 日上涨到 3890 美元/吨的历史新高。金融危机导致铅价持续下跌，2008 年 12 月中下旬触及 851 美元/吨。2009 年，各国政府为挽救金融危机，纷纷实施量化宽松的货币政策，引发金属价格在 2009 年走出一轮上扬行情。2010~2011 年震荡明显，2012 年走势稍显平淡，总体呈低位震荡格局，且中间低两头高。2012 年 LME 三月期铅均价为 2072 美元/吨。2001 年以来的

LME 铅三月期货月均价如图 9-1 所示。

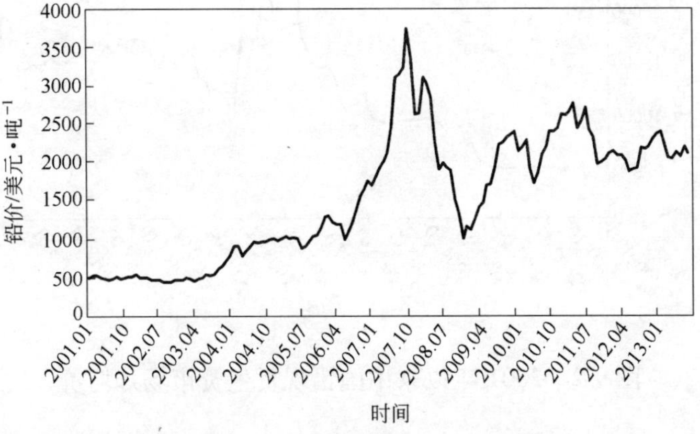

图 9-1 2001 年以来的 LME 铅三月期货月均价

第二节 中 国 价 格

1992 年前后，中国有色金属市场全面开放，国内价格走势和 LME 价格走势大体一致。但由于国内消费较少，贸易不活跃，国内价格一度滞后于 LME。近几年来，国内外价格联动性越来越强，但受原料和进出口影响，国内外价格部分时间内出现差异。整体看，国内铅价也是从 2003 年开始持续走高，2008 年 2 月达到 23000 元/吨的历史高点后走低，2008 年底最低下探到 9000 元/吨以下，2009 年呈单边上扬行情，2010 ~ 2012 年震荡下行。2012 年国内生资市场均价为 15290 元/吨。2001 年以来中国铅现货生资市场月均价如图 9-2 所示。

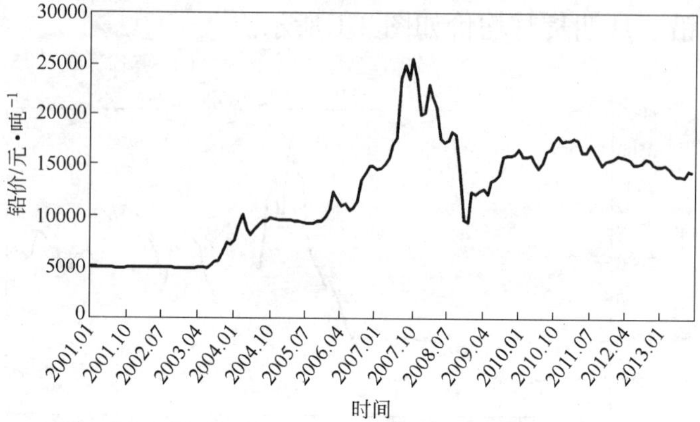

图 9-2　2001 年以来中国铅现货生资市场月均价

第二章　影响价格变动的因素

第一节　供 求 关 系

一般来讲，对于供给而言，商品供给的增加会引起价格的下降，供给的减少会引起价格的上扬；对于需求而言，商品需求的增加将导致价格的上涨，需求的减少导致价格的下跌。精铅的供求也遵循同样的规律。

2000～2010 年间，全球铅市场经历了过剩—短缺—重新过剩的循环。2000～2003 年间由于发达国家消费已经接近饱和，而发展中国家消费还没有出现大幅增长，在全球精铅生产比较稳定的局面下，全球精铅市场保持一定的过剩量，铅价始终保持较低水平。2004～2007 年间，全球精铅市场处于短缺状态，铅价稳步走高。2008 年全球铅市场重新回到过剩状态，铅价大幅下跌，2009 年和 2010 年依旧供应过剩，铅价保持宽幅震荡。

第二节　宏观经济形势及汇率

宏观经济形势和汇率变化（主要指美元走势）是影响价格走势的外部因素，也是背景因素。在市场对其预期相对稳定的情况下，这两种因素对市场价格走势的影响有限，反之，则产生巨大的效应甚至主导价格走势，使供需基本面的作用力相对减弱。

2008 年国际金融危机以来，市场对全球经济走势的预期始终处于摇摆之中，投资者信心异常脆弱。各主要经济体经济状况成为市场关注的焦点，甚至其公布的个别经济数据都能引起市场巨大的波动。其间，欧洲债务危机的爆发、蔓延以及投资信心的变化导致美元呈宽幅震荡走势，进而影响以美元计价的基本金属价格。从 LME 三月期货价格与美元指数图（见图 9-3）中看出，两者存在很好的相关性。

第三章　中国部分上市公司

中国境内铅上市公司有 5 家，截至 2010 年底总资产累计 584. 8 亿元，营业收入累计 372. 7 亿元，总市值累计 874. 5 亿元，名单见表 9-1。

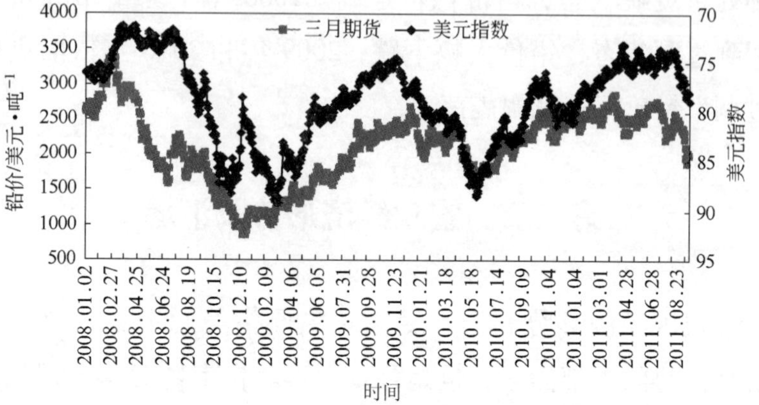

图 9-3 LME 铅三月期货价格与美元指数图

表 9-1 中国境内 A 股铅上市公司

上市公司名称	交易所	总资产/亿元	营业收入/亿元	利润总额/亿元	上市日期	总股本/亿股	流通/亿股	总市值/亿元
河南豫光金铅股份有限公司	上海证券交易所	57.4	83	2.2	2002.7.30	2.95	2.95	61
云南驰宏锌锗股份有限公司	上海证券交易所	92	48.5	5.5	2004.4.20	10.1	9.4	186.9
株洲冶炼集团股份有限公司	上海证券交易所	65.1	126.2	0.26	2004.8.30	5.27	2.58	67.67
西部矿业股份有限公司	上海证券交易所	224.6	18.5	11.9	2007.7.12	23.83	23.83	284.3
深圳中金岭南股份有限公司	深圳证券交易所	145.7	96.5	7.3	1997.1.23	15.8	15.8	274.6

第十篇

国内外主要生产厂家

第一章　全球十大铅精矿生产商

全球主要铅精矿生产公司有必和必拓（BHP Billiton）、道朗公司（Doe Run）、超达集团（Xstrata）、泰克（Teck）、韦丹塔（Vedanta）、沃尔坎（Volcan）等。2010 年全球十大铅精矿生产商产量之和为 124.5 万吨，占世界总量的 30.5%，铅精矿企业集中度并不高，具体情况见表 10-1。

表 10-1　全球十大铅精矿生产商

公司名称	中文名称	国　家	产量(金属量)/万吨	
			2009 年	2010 年
BHP Billiton	必和必拓	澳大利亚	22.6	25.6
Doe Run	道朗	美　国	24.0	24.0
Xstrata	超达	瑞　士	23.0	23.5
Teck	泰克	加拿大	13.2	11.0
Vedanta	韦丹塔	印　度	8.6	8.6
MMG		澳大利亚	4.8	7.5
Volcan	沃尔坎	秘　鲁	8.6	7.0
Sumitomo Corp.	住友商事	日　本	7.6	6.2

续表 10-1

公司名称	中文名称	国家	产量(金属量)/万吨	
			2009 年	2010 年
Industrias Penoles	佩诺尔斯	墨西哥	5.8	5.7
Glencore	嘉能可	瑞士	1.2	5.4
十家小计			119.4	124.5
全球合计			384.7	408.8

注：资料来源于瑞典原材料集团。

第二章 全球十大原生铅生产商

与铅精矿生产相比，铅金属生产企业的集中度要高一些。2010 年原生铅产量位居前列的企业有豫光金铅集团、高丽亚铅、新星、超达等，前 10 位产量之和达到 148.6 万吨，占全球总量的 37.9%，具体情况见表 10-2。

表 10-2 全球十大原生铅冶炼厂

冶炼厂	所属公司	国家	产量(金属量)/万吨		
			2008 年	2009 年	2010 年
豫光金铅	豫光金铅集团	中国	22.0	20.1	24.7
Onsan 冶炼厂	高丽亚铅	韩国	19.8	22.2	19.9
Port Pirie 冶炼厂	新星	澳大利亚	24.0	22.7	19.8
Northfleet 冶炼厂	超达	瑞士	13.9	15.8	15.4

续表 10-2

冶炼厂	所属公司	国　家	产量(金属量)/万吨		
			2008 年	2009 年	2010 年
Torreon 冶炼厂	佩诺尔斯	墨西哥	15.7	13.9	14.3
金利铅业	金利铅业集团	中　国	13.9	14.7	13.0
济源市万洋冶炼(集团)有限公司	济源市万洋冶炼(集团)有限公司	中　国	6.7	15.9	13.0
安阳市豫北金铅有限责任公司	安阳市豫北金铅有限责任公司	中　国	8.0	7.5	13.0
Herculaneum 冶炼厂	道朗公司	美　国	13.6	11.0	11.5
Stolberg 冶炼厂		德　国	11.0	11.0	11.0
小　计			148.6	154.8	142.6
合　计			392.3	411.7	416.5

第三章　中国主要铅生产商

第一节　深圳市中金岭南有色金属股份有限公司

深圳市中金岭南有色金属股份有限公司成立于 1984 年 9

月，总部位于广东省深圳市，注册资本20亿元，总资产143亿元。1997年1月在深圳证券交易所挂牌上市，连续11年位列中国企业500强，是以铅、锌、铜等有色金属生产为主业的国际化经营的上市公司。

公司集有色金属采、选、冶、加工、科研、建材、房地产开发、贸易仓储、金融为一体多行业综合经营。产业分布在中国和澳大利亚、加拿大、多米尼加、爱尔兰、马来西亚等国。公司拥有国家级技术中心，设立了“博士后科研工作站”。多年来，共获得省部级以上科技奖励近100项，其中，国家级奖励12项：科技进步一等奖2项、二等奖6项、三等奖3项，技术发明二等奖1项。公司秉承“做不到，没有理由”的企业核心价值观，以铅、锌、铜为主，坚持多金属、国际化、一体化、集约化的经营理念，努力打造国际矿业旗舰企业。

第二节　河南豫光金铅集团有限责任公司

河南豫光金铅集团有限责任公司始建于1957年，1997年组建集团公司，现有职工近7000名，主营业务为有色金属、贵金属冶炼等，核心企业为河南豫光金铅股份有限公司和河南豫光锌业有限公司。河南豫光金铅股份有限公司于2002年7月在上海证券交易所上市，是世界最大的铅冶炼企业，中国最大的白银生产企业。先后研制开发出非定态SO_2转化技术、全湿法金银生产技术、铅冶炼富氧底吹氧化—鼓风炉还原熔炼技术、液态高铅渣直接还原炼铅等4项国际国内领先的核心技术，有力推动了中国铅冶炼工业的技术进步。

豫光金铅是一个以有色金属冶炼为主兼多元化经营的大型企业集团，是中国有色金属行业铅锌领域大型骨干企业，国家第一批循环经济试点单位，全国废旧金属再生利用领域试点企业。公司目前产品种类达30余种，主要产品的生产能力为：电解铅30万吨，电解锌25万吨，硫酸60万吨，黄金3000千克，白银600吨，蓄电池 20×10^4 千伏安时。

主导产品“豫光”牌电解铅、“豫光”牌白银、“豫光”牌高纯锌，分别在伦敦金属交易所（LME）和伦敦贵金属协会（LBMA）注册。公司铅锭、锌锭、银锭被中国有色金属工业协会授予“有色金属产品实物质量金杯奖”。公司荣获中国铅锌冶炼行业排头兵企业、中国制造企业500强等荣誉。2008年北京奥运会及残奥会所有奖牌制作所需的专用金属白银，全部由豫光精炼生产。

第三节 云南驰宏锌锗股份有限公司

云南驰宏锌锗股份有限公司成立于2000年7月，总部位于“珠江源头第一市”的曲靖，是一户以铅锌产业为主，集地质勘探、采矿、选矿、冶金、化工、深加工、贸易和科研为一体的省属国有控股上市公司。

驰宏公司前身云南会泽铅锌矿，成立于1951年1月，是中国第一个“五年计划”156个重点建设项目之一，也是中国最早从氧化铅锌矿中提取锗用于国防尖端工业建设的企业，为“两弹一星”的成功研制作出历史性贡献。驰宏公司现有资产总额151亿元，在岗员工1.3万余人（含分、子公司），在国内的云南、四川、内蒙古、黑龙江、西藏及国外的加拿大、澳大利亚设有20多家企业，采选矿能力为200万吨/年，铅锌金属30万吨/年，原料自给率达50%以上，综合回收锗、金、银、镉、铋、碲、铟等10余个金属品种，是中国第一批循环经济试点单位和国家“资源节约型、环境友好型”试点企业。近年来，驰宏公司先后荣获全国首批资源综合利用先进企业、全国设备管理优秀单位、国家科技攻关授奖成果单位、全国企业文化建设优秀单位、全国创新型企业等数百项荣誉称号。

第四节　湖南水口山有色金属集团有限公司

湖南水口山有色金属集团有限公司坐落在衡阳市南40km的常宁市松柏镇，公司前身为水口山矿务局，始建于1896年，距今已有110余年历史，是集有色金属采矿、选矿、冶炼、加工、贸易于一体的大型国有企业。2004年加入湖南有色金属控股集团有限公司，2009年加入中国五矿集团公司。

19世纪末，“维新变法、实业救国”的思潮，催生了水口山铅锌矿局，首开全国西法采矿、选矿、冶炼先河，赢得了“世界铅都”、“中国铅锌工业的摇篮”的美誉。水口山为中国国防事业的发展作出了杰出贡献。中国第一颗原子弹爆炸、第一颗导弹发射、第一颗人造卫星上天、“神舟”系列载人飞船成功飞行均有水口山提供的特殊材料。

公司现有在岗职工1万余人，拥有铜铅锌矿山3座，铜、铅、锌、氧化锌、稀有稀贵金属和无汞锌粉冶炼厂各1座。其中，康家湾矿为湖南省最大的铅锌金矿山，柏坊铜矿为湖南省唯一的采、选、冶工艺完整的铜企业。公司拥有60万吨铜铅锌采选、20万吨铜铅锌冶炼、1000千克黄金、240吨白银的生产能力，生产规模、销售收入等指标位居湖南省有色行业前列。

第五节 安阳市豫北金铅有限责任公司

豫北金铅集团公司前身是豫北金属冶炼厂，始建于1993年6月，位于河南省安阳市龙安区南田村。经过近20年的发展壮大，已形成面积近5平方公里，以有色金属研究、开发、冶炼、深加工压延、回收、拆解、分类、商贸、物流、金融投资等为一体的有色金属专业园区。

1994年1月投入生产，年产电解铅1.3万吨。1998年实施第二期扩建工程，年产电解铅规模6.5万吨；2000年开始实施淘汰落后工艺烟气治理技改工程，淘汰烧结锅，采用当时最先进的烧结机—鼓风炉熔炼工艺，建设$49m^2$、$95m^2$密闭鼓风钢性滑道烧结机各一套，$7.4m^2$、$8.65m^2$密闭鼓风炉各一座，配套静电除尘、袋式除尘及非稳态制酸等环保治理设施。2008 年，建成了年回收处理 15 万吨废旧铅酸蓄电池工程，年产再生合金铅 10 万吨；2010 年淘汰原烧结机—鼓风熔炼粗铅工艺及装备，采用“富氧底吹—侧吹还原—烟化”三位一体的“三连炉”直接炼铅专利新技术，对企业原铅冶炼工艺、装备进行了全面升级改造。

第六节 济源市金利金铅有限公司

河南济源市金利金铅有限公司成立于 1995 年，注册资金 4.5 亿元，总资产 23 亿元，AAA 级信用企业。占地面积 450 余亩，现有员工 2106 人，属大中型民营股份制企业。公司主要产品是电解铅、硫酸、冰铜、氧化锌、黄金、白银等。公司目前拥有 8 个分厂，3 个中心，参股和控股矿山 4 座，拥有国际先进的氧气底吹—液态高铅渣直接还原—电解铅生产线 2 条，配套年产 8 万吨两转两吸硫酸生产线 2 条；年产 1.5 万吨次氧化锌烟化炉生产线 2 条；年产 1 万吨冰铜生产线 1 条；年产白银 1000 吨贵金属冶炼生产线 1 条；年处理 14 万吨废旧蓄电池生产线 1 条。已形成了以铅冶炼为主业，冰铜、锌及贵金属冶炼同步发展，废气、废水、废渣全部回收利用的循环经济产业链。

第七节 济源市万洋冶炼(集团)有限公司

济源市万洋冶炼（集团）有限公司始建于 1995 年，注册资金 2.8 亿元，总资产 34.1 亿元，占地面积 45 万平方米，现有员工 2500 余人。具备年产电解铅 20 万吨、硫酸 20 万吨、合金铅 4 万吨、氧化锌 2 万吨、白银 800 吨、黄金 1 吨、锑 1000 吨、铋 200 吨、复合肥 30 万吨、电极板 2000 万套、蓄电池 360×10^4 千伏安时、金银深加工白银 100 吨、黄金 2 吨的生产能力。公司通过 ISO9001：2000 国际质量体系认证、ISO14001：2004 环境管理体系认证、GB/T 28001—2001 职业健康安全管理体系认证。“万洋”牌铅荣获“河南省·著名商标”、“河南省优质产品”称号；“万洋”牌银锭连续四年蝉联全国用户最喜爱 20 家白银品牌。

公司致力于发展绿色经济、循环经济，采用国内先进、具有自主知识产权、创两项世界第一的“三连炉”炼铅新工艺，最大化利用资源，实现了清洁环保生产。“三连炉直接炼铅技术研究及产业化应用”项目成功通过科技成果鉴定。

公司先后荣获农业部“中型企业”、“创名牌重点企业”、“AAA”企业、“重合同守信用企业”、“河南省优秀民营企业”、“河南省五一劳动奖状”等荣誉称号。

第八节　湖南宇腾有色金属股份有限公司

湖南宇腾有色金属股份有限公司始建于 2001 年，地处享誉世界的“有色金属之乡”——郴州市石盖塘省级工业小区，是一家集矿山开发、有色金属冶炼、综合回收、国际贸易、技术研发、生产经营为一体的股份制高新技术企业。

注册“宇腾”、“金宇腾”两个商标，2011年被认定为湖南省著名商标。拥有自主经营进出口权，属海关AA类企业。注册资金2.16亿元，总资产35亿元。已通过国际质量管理、环境管理、职业健康（ISO9001、ISO14001、OHSAS18001）三体系认证。

公司目前占地面积600余亩，员工1300余人。具有年产电铅8万吨、硫酸10万吨、白银500吨、铋2000吨、冰铜5000吨、次氧化锌2万吨、锑5000吨、铅盐2万吨、黄金1吨、碲6吨的生产能力。

第九节　江苏春兴合金(集团)有限公司

江苏春兴合金（集团）有限公司是国内最大的铅再生企业，主要从事废铅酸电池等含铅废料研究开发和综合利用。具备年产铅及铅合金10万吨的能力。主要产品有精铅、蓄电池板栅合金、电缆护套铅、三氧化二锑等四大类60多个品种，拥有资产1.5亿元。公司通过了ISO9002国际质量体系认证。同时正在进行ISO14000国际环保体系认证，连续多年位居邳州市私个企业纳税第一大户和徐州市五十强企业，是邳州市和徐州市人民政府重点扶持企业。江苏春兴集团以邳州为基地，在徐州和邳州市委市政府的重点扶持下，得到快速发展，创造出具有中国特色的无污染冶炼废铅酸蓄电池新技术，获得原国家科委和科技部确认的专有技术拥有权，是国内铅冶炼行业唯一一家以技术优势在国外成功办厂的企业，被国家列为“八五”无污染再生铅攻关项目示范厂。

江苏春兴集团不仅拥有企业专有的熔炼炉、精炼炉、合金炉等国内先进的关键设备，而且还从美国引进世界先进水平的废铅蓄电池破碎转化设备和从德国引进国际一流的高级直读光谱仪检测设备，不仅引进一大批本科生和硕士研究生，而且还从实践中培养一批高级技术和管理人才。凭借独立的知识产权和自成体系的专有技术，集团先后在国内广东顺德、福建厦门、天津、重庆和国外泰国、印度尼西亚等地建立了全资或控股企业。其中，泰国分厂被中国驻泰王国大使赞誉为中泰伟业友好合作之典范，享受泰国政府授予免税权。公司 2002 年 7 月开发成功的搓化精炼锑白新工艺，开拓了工业化处理铅锑渣的新路，解决了多年困扰再生铅行业锑渣难以利用的难题，填补了技术空白，具有高效、节能、无污染、综合利用高等优点，缓解了锑资源紧张的格局，培育了新的经济增长点。

第十节　湖北金洋冶金股份有限公司

湖北金洋冶金股份有限公司是以有色金属再生冶炼、铅基系列合金研制与生产为主的专业化公司，是中国最大再生铅企业之一，国家科技攻关项目“无污染再生铅技术”科技示范厂，国家环保局授权的“废料定点加工利用单位”、“国家火炬计划谷城节能与环保产业基地骨干企业”、“全国守合同重信用企业”、“湖北省高新技术企业”、连续三年被湖北省人民政府授予“守合同重信用”企业，通过ISO9002、QS9000和ISO/TS16949质量体系认证。现已形成年处理废蓄电池12万吨，年产铅及铅合金7万吨的规模，并在广东、重庆、石花镇内有4个合资公司。公司本部占地面积4.5万平方米，现有员工240人，其中各类专业技术人员68人。公司拥有5条生产线，即废蓄电池预处理、合金配制、真空冶炼、粗铅电解、铅制品。主要产品有：免维护铅蓄电池板栅低锑、铅钙系列合金、铅锑系列合金、电解铅、精铅、锑硒合金、核屏蔽铅构件、全密闭蓄电池正/负接线柱衬套铅零件、铅丝、铅粒及副产品等。主导产品全部采用国际标准，产品出口欧美及东南亚等十几个国家和地区。

附 录

附录一 64种有色金属元素

64种有色金属包括：铝、镁、钾、钠、钙、锶、钡、铜、铅、锌、锡、钴、镍、锑、汞、镉、铋、金、银、铂、钌、铑、钯、锇、铱、铍、锂、铷、铯、钛、锆、铪、钒、铌、钽、钨、钼、镓、铟、铊、锗、铼、镧、铈、镨、钕、钐、铕、钆、铽、镝、钬、铒、铥、镱、镥、钇、钪、硅、硼、硒、碲、砷、钍。

有色金属又分为轻金属、重金属、稀有金属、贵金属和其他有色金属。

（1）轻金属：7种，铝、镁、钾、钠、钙、锶、钡（其中钾、钠、钙、锶、钡5种一般为化工系统的产品）。

（2）重金属：10种，铜、铅、锌、镍、钴、锡、锑、铋、镉、汞。

（3）稀有金属：35种，又细分为四类：

1）稀有轻金属4种（在稀有金属中密度最小）：锂、铍、铷、铯。

2）稀有难熔金属8种（在金属中熔点较高）：钨、钼、钽、铌、钛、锆、铪、钒。

3）稀散金属 7 种（矿体生成极为分散、且多为与其他矿物共生、非经准确的全分析不易发现）：镓、铟、铊、锗、硒、碲、铼（有的分法，将铼分为难熔金属）。

4）稀土金属 16 种（其氧化物似土，故名）：镧、铈、镨、钕、钐、铕、钆、铽、镝、钬、铒、铥、镱、镥、钇、钪。

（4）贵金属：8 种，金、银、钌、铑、钯、锇、铱、铂。

（5）其他有色金属：4 种，硅、砷、硼、钍。

附录二　元素周期表

周期	IA	IIA	IIIB	IVB	VB	VIB	VIIB	VIII			IB	IIB	IIIA	IVA	VA	VIA	VIIA	
1	1 H 氢 1.0079																	2 He 氦 4.0026
2	3 Li 锂 6.941	4 Be 铍 9.0122											5 B 硼 10.811	6 C 碳 12.011	7 N 氮 14.007	8 O 氧 15.999	9 F 氟 18.998	10 Ne 氖 20.17
3	11 Na 钠 22.9898	12 Mg 镁 24.305											13 Al 铝 26.982	14 Si 硅 28.085	15 P 磷 30.974	16 S 硫 32.06	17 Cl 氯 35.453	18 Ar 氩 39.94
4	19 K 钾 39.098	20 Ca 钙 40.08	21Sc 钪 44.956	22 Ti 钛 47.9	23 V 钒 50.9415	24 Cr 铬 51.996	25Mn 锰 54.938	26 Fe 铁 55.84	27 Co 钴 58.9332	28 Ni 镍 58.69	29 Cu 铜 63.54	30 Zn 锌 65.38	31 Ga 镓 69.72	32Ge 锗 72.59	33As 砷 74.9216	34 Se 硒 78.9	35 Br 溴 79.904	36 Kr 氪 83.8
5	37Rb 铷 85.467	38 Sr 锶 87.62	39 Y 钇 88.906	40 Zr 锆 91.22	41Nb 铌 92.9064	42Mo 钼 95.94	43 Tc 锝 97.99	44 Ru 钌 101.07	45 Rh 铑 102.906	46 Pd 钯 106.42	47Ag 银 107.868	48Cd 镉 112.41	49 In 铟 114.82	50 Sn 锡 118.7	51Sb 锑 121.7	52 Te 碲 127.6	53 I 碘 126.905	54 Xe 氙 131.3
6	55Cs 铯 132.905	56 Ba 钡 137.33	57–71 La-Lu 镧系	72Hf 铪 178.49	73 Ta 钽 180.947	74 W 钨 183.8	75 Re 铼 186.207	76 Os 锇 190.2	77 Ir 铱 192.2	78 Pt 铂 195.08	79Au 金 196.967	80Hg 汞 200.5	81 Tl 铊 204.3	82 Pb 铅 207.2	83 Bi 铋 208.98	84 Po 钋 (209)	85 At 砹 (210)	86 Rn 氡 (222)
7	87 Fr 钫 (223)	88 Ra 镭 (226.03)	89–103 Ac-Lr 锕系	104Rf 𬬻 (261)	105Db 𬭊 (262)	106 Sg 𬭳 (263)	107Bh 𬭛 (264)	108 Hs 𬭶 (265)	109Mt 鿏 (268)	110 Ds 𫟼 (269)	111 Rg 𬬭 (272)	112Cn 鿔 (277)						

镧系	57 La 镧 138.905	58Ce 铈 140.12	59 Pr 镨 140.91	60Nd 钕 144.2	61 Pm 钷 (147)	62Sm 钐 150.4	63 Eu 铕 151.96	64Gd 钆 157.25	65 Tb 铽 158.93	66 Dy 镝 162.5	67Ho 钬 164.93	68 Er 铒 167.2	69Tm 铥 168.934	70 Yb 镱 173.0	71 Lu 镥 174.96
锕系	89 Ac 锕 (227)	90Th 钍 232.0381	91Pa 镤 231.03588	92 U 铀 238.02891	93 Np 镎 (237)	94 Pu 钚 (239.244)	95Am 镅 (243)	96Cm 锔 (247)	97 Bk 锫 (247)	98Cf 锎 (251)	99 Es 锿 (252)	100Fm 镄 (257)	101Md 钔 (258)	102No 锘 (259)	103Lr 铹 (260)